DE KUNST VAN MADELEINES

100 recepten om de culinaire geheimen van Madeleines te ontsluiten

Karla Mohamed

Auteursrechtmateriaal ©2023

Alle rechten voorbehouden
Geen enkel deel van dit boek mag in welke vorm of op welke manier dan ook worden gebruikt of overgedragen zonder de juiste schriftelijke toestemming van de uitgever en eigenaar van het auteursrecht, met uitzondering van korte citaten die in een recensie worden gebruikt. Dit boek mag niet worden beschouwd als vervanging voor medisch, juridisch of ander professioneel advies.

INHOUDSOPGAVE

INHOUDSOPGAVE 3
INVOERING 7
CITRUSY MADELEINES 8
1. Yuzu-madeleines 9
2. Honing-oranje Madeleines 12
3. Citroentijmmadeleines met citroenwodkasiroop 15
4. Oranje Zandkoek Madeleines 18
5. Citroenverbena Madeleines 20
6. Oranje Madeleines 23
7. Madeleines van gezouten karamel en citroen 26
8. Bloedsinaasappel & Pure Chocolade Madeleines 29
9. Citroenmadeleines _ 32
10. Grapefruitmadeleines _ 34
11. Limoen Madeleines 36
12. Mandarijn Madeleines 38
13. Bloedsinaasappel Madeleines 40
14. Clementine Madeleines 42
15. Bergamot Madeleines 44
16. Madeleines met grapefruit en maanzaad 46
17. Key Lime Madeleines 48
18. Calamondin Madeleines 50
19. Kumquat Madeleines 52
20. Madeleines met citroen en lavendel 54
21. Bergamot en Graaf grijsMadeleines 56

FRUITIGE MADELEINES 58
22. Madeleines met frambozen en limoen 59
23. Bananenmadeleines 61
24. Madeleines met citroen en bosbessen 63
25. Napolitaanse Madeleines 65
26. Madeleines met jam en kokosnoot 68
27. Aardbeienmadeleines _ 71
28. Madeleines met bosbessen 73
29. Ananas Madeleines 75
30. Mangomadeleine _ 77

31.	Madeleines van bramen	79
32.	Madeleines met kersen	81
33.	Perzik Madeleines	83
34.	Abrikozen Madeleine	85
35.	Appel Kaneel Madeleines	87
36.	Gemengde bessenmadeleines	89
37.	Banaan Walnoot Madeleines	91
38.	Pruimenmadeleines _	93
39.	Papaya Madeleines	95
40.	Bevochtigenmeloen Madeleines	97
41.	Passievruchtmadeleines _	99
42.	Guava Madeleine	101
43.	Kiwi- Madeleines	103
44.	Madeleine Aardbeien-Charlotte Taart	105

NOOTACHTIGE MADELEINES 108

45.	Amandelmadeleines	109
46.	Hazelnoot Madeleine Koekjes	111
47.	Bruine boter en amandelmadeleines	114
48.	Walnoot Madeleines	117
49.	Pistache Madeleines	119
50.	Madeleines met pecannoten en esdoorn	121
51.	Macadamianoot Madeleines	124
52.	Cashew Madeleine	126
53.	Madeleines van walnoot en honing	128
54.	Madeleines met pindakaaschocoladechips	130

MAÏS MADELEINES 132

55.	Blauwe maïsmadeleines	133
56.	Snoep maisgestreepte Madeleines	135
57.	Maisbrood Madeleines	137

CHOCOLADE MADELEINES 140

58.	Chocolade Madeleine-ijssandwiches	141
59.	Chocolade madeleines	144
60.	Chocolade-Gember Madeleines	147
61.	Chocoladebrownie Madeleines	150
62.	Madeleines van donkere chocolade	153
63.	Chocolademadeleines gedoopt in pure chocolade	156
64.	Madeleines van witte chocolade	159

VEGGIE MADELEINES 162

65.	Aardappelmadeleines	163
66.	Worteltaart Madeleines	166
67.	Geitenkaas en zongedroogde tomatenmadeleines	168
68.	Aardbei en Ube Madeleines	170

KRUIDIGE MADELEINES 172

69.	Madeleines met suiker en specerijen	173
70.	Peperkoek Madeleines	175
71.	Madeleines met Pompoenkruiden	178
72.	Chai-gekruide madeleines	181
73.	Kaneel Madeleine Taarten	183
74.	Pittige sinaasappelmadeleines	186
75.	Madeleines met kaneelchips	188
76.	Chili Chocolade Madeleines	190
77.	Pittige amandelmadeleines	192
78.	Sriracha en Cheddar Madeleines	194
79.	Jalapeño Maïsbrood Madeleines	196

BLOEMEN MADELEINES 198

80.	Pistache Rozenbevochtigen Madeleines	199
81.	Frambozenroos Franse Madeleines	202
82.	Lavendelhoning Madeleines	205
83.	Vlierbloesemmadeleines met chocoladesaus	207
84.	Roos Madeleines	210
85.	Oranjebloesem Madeleines	212
86.	Violette Madeleines	214
87.	Kamille Honing Madeleines	216
88.	Hibiscus Madeleine	218
89.	Jasmijn Thee Madeleines	220
90.	Lindebloesem Madeleines	222

GEKRUIDE MADELEINES 224

91.	Madeleines met Parmezaanse kruiden	225
92.	Rozemarijn Citroen Madeleines	227
93.	Tijm Parmezaanse Madeleines	229
94.	Basilicum Zongedroogde Tomaat Madeleines	231
95.	Dille en Feta Madeleines	233

CAFFEÏNEERDE MADELEINES 235

96.	Mokka Madeleines met espressoglazuur	236
97.	Espresso Madeleine	239
98.	Matcha Groene Thee Madeleines	241

99.	Chai-gekruide madeleines	243
100.	Graaf grijsThee Madeleines	246

CONCLUSIE 248

INVOERING

Welkom in de betoverende wereld van madeleines, die delicate, schelpvormige lekkernijen die al generaties lang de harten en smaakpapillen van voedselliefhebbers veroveren. Op de volgende pagina's beginnen we aan een heerlijke reis door de kunst van het bakken van madeleines, waarbij we de geheimen onthullen van het maken van deze sierlijke lekkernijen die een gevoel van nostalgie en comfort oproepen.

Madeleines zijn meer dan alleen een zoete verwennerij; ze zijn een venster naar de ziel van het Franse bakken. Met hun knapperige randen en zachte kruim bieden deze kleine wonderen bij elke hap een voorproefje van eenvoud en elegantie. In dit kookboek duiken we in de essentie van madeleines en vieren we hun geschiedenis, hun culturele betekenis en het pure plezier dat ze bieden aan degenen die het geluk hebben ervan te genieten.

Of je nu een doorgewinterde bakker bent of net aan je culinaire reis begint, dit kookboek is je vertrouwde metgezel. Binnenin vind je een breed scala aan madeleine-recepten, van klassieke lekkernijen met citroen tot innovatieve variaties die je smaakpapillen zullen prikkelen. Deze recepten zijn ontworpen voor elke gelegenheid, of u nu aan het bakken bent voor een gezellige afternoon tea, een speciaal feest of gewoon als een welgemeend cadeau.

Terwijl we door de pagina's van dit kookboek navigeren, ontdek je niet alleen een schat aan recepten, maar leer je ook de technieken en tips die nodig zijn om de kunst van het madeleine bakken onder de knie te krijgen. Van het kiezen van de juiste ingrediënten tot het bereiken van de perfecte textuur en smaak: wij begeleiden u bij elke stap, zodat uw madeleines keer op keer voortreffelijk worden.

Dus of u nu de smaken van een Parijse patisserie wilt nabootsen of uw madeleine-herinneringen wilt creëren, dit kookboek is uw paspoort naar een wereld van verrukkelijke mogelijkheden. Ga met ons mee op dit culinaire avontuur terwijl we de geheimen ontsluiten, de verhalen delen en de onweerstaanbare allure van Franse madeleines vieren. Maak je klaar voor een reis vol meel, eieren en een vleugje magie terwijl we de kunst van het bakken van deze kleine meesterwerken verkennen.

CITRUSY MADELEINES

1. Yuzu-madeleines

INGREDIËNTEN:
- 230 g ongezouten boter
- 240 g eieren, kamertemperatuur
- 185 g kristalsuiker
- 235 g gewone bloem
- schil van 1 yuzu, fijngeraspt
- schil van ½ citroen
- 2 theelepels zuiveringszout
- ¼ theelepel zout

YUZU-CITROENGLAZUUR
- 150 g glazuur/banketbakkerssuiker, gezeefd
- 1 eetlepel citroensap
- 2 eetlepels yuzu-sap

INSTRUCTIES:

a) Snijd de boter in blokjes voordat je hem op laag vuur laat smelten. Als de boter gesmolten is, laat je hem afkoelen voordat je hem gebruikt.

b) Zeef de bloem en het zuiveringszout en klop om goed te mengen.

c) Doe de eieren op kamertemperatuur in een mengkom en klop op gemiddelde snelheid gedurende ongeveer 30 seconden.

d) Voeg de suiker toe aan de eieren en klop op middelhoge snelheid gedurende ongeveer 5-8 minuten tot het mengsel bleek en dik is. Het beslag moet zich in het lintstadium bevinden. Het is belangrijk om in dit stadium niet ondermaats te zijn.

e) Voeg de gezeefde ingrediënten in drie keer toe – gebruik een paddle-opzetstuk en klop op lage snelheid tot ze net zijn opgenomen.

f) Giet geleidelijk de gesmolten en afgekoelde boter erbij terwijl de mixer nog draait. Giet niet alles in één keer, anders zal het moeilijk zijn om een grote hoeveelheid boter in het beslag te verwerken. Meng tot het goed is opgenomen.

g) Verpak de kom in huishoudfolie en zet het beslag minimaal 3 uur of een hele nacht in de koelkast. Het beslag kan maximaal een paar dagen in de koelkast worden bewaard.

h) Beboter uw madeleine-bakjes royaal, vooral rond de spleten, en plaats de bakplaat in de vriezer.

i) Verwarm de oven voor op 180 graden Celsius. Haal de madeleinevormpjes uit de vriezer en bestuif de vormpjes met bloem. Draai de bakjes om en tik het overtollige bloem eruit.

j) Vul een spuitzak en spuit elke gaatje tot ongeveer ¾ vol. Omdat het beslag koud is, duurde het ongeveer 15 minuten om ze te bakken.
k) De madeleines moeten goed gerezen zijn, met een kenmerkende bult. De randen moeten goudbruin zijn.
l) Keer de madeleines om op een rooster. Ze zouden er gemakkelijk uit moeten komen als je de bakplaten goed hebt ingesmeerd. Het lekkerst is het onmiddellijk te serveren, bestrooid met poedersuiker, terwijl het nog warm is.

Yuzu-citroenglazuur

m) Roer de gezeefde poedersuiker met het citroen- en yuzu-sap door elkaar. Verdun het indien nodig met bevochtigen. Het glazuur moet glad en dik genoeg zijn om de madeleines te bedekken en het overtollige glazuur weg te laten lopen.
n) Nadat je de madeleines uit de oven hebt gehaald, laat je ze ongeveer 5 minuten in de bakplaat staan voordat je ze eruit haalt.
o) Dompel de madeleines één voor één in het glazuur terwijl ze nog heet zijn.
p) Plaats de madeleines op een koelrek, met de bultzijde naar beneden, zodat het overtollige glazuur eraf kan druipen.

2. Honing-oranje Madeleines

INGREDIËNTEN:
- Gesmolten boter (voor het invetten van de madeleinevorm)
- 2 grote eieren
- ⅓ kopje Honing
- ¼ kopje suiker
- 1 ½ theelepel Geraspte sinaasappelschil
- ½ theelepel Oranjebloesembevochtigen
- ½ theelepel Vanille-extract
- 1 kopje bloem voor alle doeleinden
- ¾ kopje ongezouten boter, gesmolten en op kamertemperatuur
- Extra suiker (om erover te strooien)

INSTRUCTIES:
a) Verwarm uw oven voor op 200°C. Bestrijk de madeleinevorm met gesmolten boter en bestuif hem met bloem, zorg voor een goede smering en voorkom plakken.
b) Meng in de kom van een elektrische mixer de eieren, honing, ¼ kopje suiker en geraspte sinaasappelschil. Plaats de mengkom boven een pan met kokend bevochtigen (dubbele boiler) en zorg ervoor dat de kom het bevochtigen niet raakt. Roer het mengsel tot het lauw wordt, wat ongeveer 2 minuten duurt.
c) Haal de kom uit het kokende bevochtigen en gebruik een elektrische mixer om het mengsel te kloppen tot het lichtgeel wordt en verdriedubbelt in volume. Dit duurt ongeveer 12 minuten.
d) Voeg het oranjebloesembevochtigen en het vanille-extract toe aan het mengsel en blijf op lage snelheid kloppen.
e) Voeg geleidelijk het bloem voor alle doeleinden toe en schraap af en toe de zijkanten van de kom om een gelijkmatige menging te garanderen.
f) Doe een derde van het beslag in een middelgrote kom. Voeg geleidelijk ¾ kopje gesmolten boter toe aan het beslag in de middelgrote kom (vermijd het toevoegen van bevochtigen aan de onderkant van de gesmolten boter).
g) Spatel het mengsel uit de middelgrote kom voorzichtig door het resterende beslag, zodat er een iets dikker beslag ontstaat.
h) Schep het beslag in de madeleinevorm en vul elke vorm bijna tot de bovenkant.
i) Bak de madeleines in de voorverwarmde oven gedurende ongeveer 10 minuten of totdat de koekjes veerkrachtig aanvoelen. Draai

halverwege het bakken de pan om een gelijkmatige bereiding te garanderen.
j) Eenmaal gebakken, haalt u de pan uit de oven en keert u hem om op een koelrek. Haal de madeleines voorzichtig met een mespunt uit de vorm.
k) Terwijl de madeleines nog warm zijn, kun je ze bestrooien met suiker voor een extra vleugje zoetheid.
l) Om nog meer madeleines te maken, veegt u de vorm schoon, bestrijkt u deze met gesmolten boter, bestuift u deze met bloem en herhaalt u het proces met het resterende beslag.
m) Laat de madeleines volledig afkoelen op het rooster. Eenmaal afgekoeld, bewaar ze in een luchtdichte verpakking op kamertemperatuur. Deze heerlijke Honing-Oranje Madeleines kun je een dag van tevoren bereiden en heerlijk genieten bij de thee of koffie.

3. Citroentijmmadeleines met citroenwodkasiroop

INGREDIËNTEN:
VOOR DE Madeleines
- 2 kopjes taartmeel (niet zelfrijzend)
- 1 theelepel bakpoeder
- ½ theelepel zout
- 3 eetlepels plus 1 theelepel vers geraspte citroenschil (van ongeveer 7 grote citroenen)
- 1 ½ eetlepel Fijngehakte verse tijmblaadjes
- 1 kop (2 stokjes) ongezouten boter, verzacht
- 2 theelepels Vers citroensap
- 2 kopjes suiker
- 6 grote eieren

VOOR DE CITROENSTROOP:
- ¼ kopje bevochtigen
- ¼ kopje suiker
- ¼ kopje citroenwodka
- ¼ kopje Vers citroensap
- 2 theelepels Fijngehakte verse tijmblaadjes

INSTRUCTIES:
VOOR DE Madeleines
a) Verwarm de oven voor op 160°C en beboter en bebloem een madeleinepan, bij voorkeur met een antiaanbaklaag, en tik overtollige bloem eruit.
b) Meng in een kom het taartmeel, bakpoeder, zout, vers geraspte citroenschil en fijngehakte verse tijmblaadjes.
c) Klop in een andere kom met een elektrische mixer de zachte boter, het verse citroensap en de suiker tot het mengsel licht en luchtig is. Voeg de eieren één voor één toe en klop goed na elke toevoeging.
d) Voeg geleidelijk het bloemmengsel toe aan de natte ingrediënten en klop tot alles net gemengd is.
e) Schep het beslag in de voorbereide madeleinevormen en gebruik een spatel om de oppervlakken glad te maken en eventuele luchtbellen te verwijderen. Veeg overtollig beslag van de randen van de pan.
f) Bak de madeleines in het midden van de oven gedurende 20 tot 25 minuten of tot de randen bruin zijn en de bovenkant goudbruin.
g) Eenmaal gebakken, maak je de randen van de madeleines los en leg je ze op een rooster boven een ovenschaal.
h) Maak de madeleinepan schoon, beboter en bebloem hem opnieuw om met het resterende beslag meer madeleines te maken.

VOOR DE CITROENVODKA-STROOP:
i) Terwijl de eerste batch madeleines aan het bakken is, breng je in een kleine pan het bevochtigen, de suiker, de citroenwodka, het verse citroensap en de fijngehakte verse tijmblaadjes aan de kook. Roer goed en haal van het vuur.
j) Zodra de madeleines uit de oven komen en nog warm zijn, bestrijk je ze met wat van de hete citroenwodkasiroop. Herhaal dit proces met de overige madeleines terwijl ze verder bakken, waarbij de siroop warm blijft.
k) Geniet van deze heerlijke citroentijmmadeleines met citroenwodkasiroop, met hun heerlijke citrus- en kruidige smaken. Deze koekjes zijn perfect voor een theemomentje of een heerlijk dessert. Bewaar eventuele restjes in een luchtdichte verpakking om de versheid te behouden.

4. Oranje Zandkoek Madeleines

INGREDIËNTEN:
- 1 kopje boter, verzacht
- ¾ kopje Gezeefde poedersuiker
- 1 theelepel geraspte sinaasappelschil
- 1 theelepel sinaasappelextract
- 1 ¾ kopjes Bloem voor alle doeleinden
- Plantaardige kookspray

INSTRUCTIES:
a) Verwarm je oven voor op 325 graden Fahrenheit (160 graden Celsius) en spuit de madeleinevormpjes lichtjes in met groentekookspray om plakken te voorkomen.
b) Klop de zachte boter in een mengkom tot deze licht en luchtig wordt.
c) Voeg geleidelijk de gezeefde poedersuiker toe aan de boter en klop op gemiddelde snelheid met een elektrische mixer tot het mengsel goed gemengd en luchtig is.
d) Voeg de geraspte sinaasappelschil en het sinaasappelextract toe aan het mengsel en meng ze grondig.
e) Roer het bloem voor alle doeleinden erdoor totdat het volledig in het deeg is opgenomen. Het deeg zal stijf zijn.
f) Druk ongeveer 1-½ eetlepel deeg in elke madeleinevorm en vul ze gelijkmatig.
g) Bak de madeleines in de voorverwarmde oven gedurende ongeveer 20 minuten of tot ze gaar en licht goudbruin zijn.
h) Eenmaal gebakken, keert u de madeleines om op roosters om af te koelen.
i) Geniet van deze heerlijke sinaasappelzandkoekmadeleines met hun delicate citrussmaak en boterachtige textuur.

5. Citroenverbena Madeleines

INGREDIËNTEN:
- 2 kopjes ongezeefd taartmeel
- 1 theelepel bakpoeder
- ½ theelepel zout
- 1 kopje ongezouten boter, op kamertemperatuur
- 1 ⅔ kopjes kristalsuiker
- 5 grote eieren
- 1 ½ theelepel Vanille-extract
- Citroenverbenasiroop (recept volgt)
- Citroenverbena-siroop:
- ½ kopje bevochtigen
- ½ kopje kristalsuiker
- ¼ kopje verse citroenverbenabladeren, licht verpakt (of 2 eetlepels gedroogde citroenverbenabladeren)

INSTRUCTIES:
a) Verwarm uw oven voor op 325 graden Fahrenheit (160 graden Celsius) en plaats het rek in het midden van de oven. Vet de Madeleine-pannen in met zachte boter en bestuif ze met bloem. Klop overtollige bloem eruit. Opzij zetten.

b) Zeef het taartmeel, bakpoeder en zout in een kom. Zet het droge mengsel opzij.

c) Klop de ongezouten boter in een mengkom met een elektrische mixer voorzien van een peddelopzetstuk tot deze zacht en luchtig wordt.

d) Voeg geleidelijk de kristalsuiker toe aan de boter en blijf kloppen tot het mengsel heel licht en romig is.

e) Voeg de eieren één voor één toe aan het mengsel en klop goed na elke toevoeging. Roer het vanille-extract erdoor.

f) Meng geleidelijk het droge bloemmengsel door het natte beslag totdat alles goed gemengd is.

g) Schraap het beslag met een spatel in de voorbereide Madeleine-pannen en strijk het volledig glad. Maak de randen van de pan schoon met keukenpapier.

h) Bak de Madeleines in de voorverwarmde oven gedurende ongeveer 10 tot 15 minuten of tot de taarts gerezen zijn en goudbruin zijn aan de bovenkant. Steek een tester in het midden van een Madeleine; het moet er schoon uitkomen als ze volledig gebakken zijn.

i) Haal de Madeleines uit de oven en schuif een mes langs de zijkanten om ze los te maken. Stort de taarts op een rooster, met de goede kant naar boven.

j) Terwijl de Madeleines nog warm zijn, prikt u met een dunne spies een gaatje in de bovenkant van elke taart.

k) Bereid de citroenverbena-siroop: Meng in een kleine pan het bevochtigen, de kristalsuiker en de verse citroenverbenablaadjes. Breng het mengsel aan de kook, roer tot de suiker is opgelost. Haal de pan van het vuur en laat de siroop ongeveer 10 minuten trekken. Zeef de siroop om de bladeren van de citroenverbena te verwijderen.

l) Giet 1 theelepel warme citroenverbenasiroop over elke madeleine, laat het intrekken en geef de taarten een heerlijke smaak.

m) Laat de Madeleines volledig afkoelen en bewaar ze vervolgens in een luchtdichte verpakking.

n) Geniet van deze verrukkelijke Madeleines met Citroenverbena, doordrenkt met de aromatische essentie van citroenverbena. Ze zijn een heerlijke traktatie bij je thee of koffie, en de geurige siroop voegt een extra vleugje zoetheid en smaak toe. Bewaar eventuele restjes in een luchtdichte verpakking om de versheid te behouden.

6. Oranje Madeleines

INGREDIËNTEN:
- Bakolie-spray
- 1 kop Volkoren gebakmeel
- 1 kopje bloem voor alle doeleinden
- 2 theelepels zuiveringszout
- 2 kopjes sinaasappelsap
- 2 theelepels Sinaasappelschil
- 4 eetlepels ongezouten boter, op kamertemperatuur
- 1 kopje suiker
- 3 middelgrote eieren, op kamertemperatuur

INSTRUCTIES:
a) Verwarm de oven voor op 175°C en spuit 60 Madeleine-vormpjes in met bakoliespray om vastplakken te voorkomen.
b) Meng in een middelgrote mengkom het volkoren banketmeel en de bloem voor alle doeleinden, voeg vervolgens de baking soda toe en zet het droge mengsel opzij.
c) Breng het sinaasappelsap in een middelgrote pan aan de kook. Zodra het kookt, haal je de pan van het vuur en laat je het sinaasappelsap afkoelen.
d) Meng in een kleine kom het afgekoelde sinaasappelsap en de sinaasappelschil en zet dit mengsel opzij.
e) Meng de ongezouten boter en suiker in een grote mengkom tot het mengsel licht en luchtig is.
f) Klop de eieren één voor één door het boter-suikermengsel en zorg ervoor dat elk ei goed is opgenomen.
g) Voeg geleidelijk het bloemmengsel in drieën toe, afgewisseld met het sinaasappelsapmengsel. Begin en eindig met het bloemmengsel.
h) Schep 1 eetlepel van het beslag in elke voorbereide Madeleine-vorm en vul ze voor ongeveer tweederde vol.
i) Bak de Madeleines in de voorverwarmde oven gedurende 10 tot 15 minuten, of tot de randen licht goudbruin zijn en het midden stevig is.
j) Eenmaal gebakken haal je de Madeleines uit de oven en laat je ze een paar minuten afkoelen in de vormpjes.
k) Haal de Madeleines voorzichtig uit de vormpjes en leg ze op een rooster om volledig af te koelen.
l) Geniet van deze heerlijke sinaasappelmadeleines, doordrenkt met de heldere en citrusachtige smaken van sinaasappelsap en schil. Ze vormen een perfecte traktatie voor ontbijt of afternoon tea. Bewaar eventuele restjes in een luchtdichte verpakking om de versheid te behouden.

7. Madeleines van gezouten karamel en citroen

INGREDIËNTEN:
VOOR DE GEZOUTEN KARAMEL:
- ½ kopje suiker
- 4 eetlepels ongezouten boter
- ¼ kopje dubbele room
- 1 theelepel zout

VOOR DE Madeleines
- 100 gram boter, gesmolten
- 1 kopje suiker
- 2 eieren
- 1 theelepel vanille-extract
- 1 ½ kopje bloem voor alle doeleinden
- 1 theelepel bakpoeder
- ½ theelepel zuiveringszout
- ¼ kopje yoghurt
- Schil van 1 citroen

INSTRUCTIES:
BEREIDING VAN DE GEZOUTEN KARAMEL:
a) Smelt de suiker in een pan op laag vuur. Niet roeren; Draai de pan indien nodig voorzichtig heen en weer om een gelijkmatig smelten te garanderen.
b) Zodra de suiker een donker amberkleurige kleur krijgt, zet je het vuur uit.
c) Voeg voorzichtig en snel de slagroom toe aan de karamel en roer krachtig.
d) Voeg de boter en het zout toe aan de pan en blijf roeren tot de karamel glad is. Opzij zetten.
e) Verwarm de oven voor op 350 graden F (175 graden C).

BEREIDING VAN DE Madeleines
f) Meng de baking soda en de yoghurt in een kleine kom en zet opzij.
g) Klop in een mixer de eieren en de suiker op hoge snelheid tot het mengsel in omvang is verdubbeld. Voeg het vanille-extract toe.
h) Meng in een aparte kom de bloem en het bakpoeder voor alle doeleinden en voeg dit toe aan het suiker-eimengsel. Meng tot alles goed gemengd is.
i) Voeg het yoghurtmengsel en de citroenschil toe aan het beslag en roer tot het volledig is opgenomen.

j)   Terwijl de mixer op lage snelheid staat, giet je langzaam de gesmolten boter erbij en meng je goed.

k)   Spatel de eerder bereide gezouten karamel erdoor en laat het beslag 30 minuten in de koelkast rusten.

BAK DE Madeleines

l)   Vet de Madeleinevormpjes in met boter en bestuif ze lichtjes met bloem.

m)   Schep het beslag in elke vorm en vul ze voor ongeveer driekwart.

n)   Bak de Madeleines in de voorverwarmde oven gedurende ongeveer 10 minuten of tot er een klein bultje op elke Madeleine ontstaat en ze goudbruin worden rond de randen.

o)   Haal de Madeleines uit de oven en laat ze een paar minuten in de vormpjes afkoelen voordat je ze op een rooster legt om volledig af te koelen.

p)   Geniet van deze heerlijke Madeleines met gezouten karamel als een zoete en heerlijke traktatie! De combinatie van de boterachtige Madeleinetaart doordrenkt met gezouten karamel zorgt voor een heerlijke smaakbeleving. Perfect voor een theemoment of een speciale gelegenheid.

8. Bloedsinaasappel & Pure Chocolade Madeleines

INGREDIËNTEN:
- 100 g ongezouten boter, plus extra om in te vetten
- 2 grote eieren
- 100 g gouden basterdsuiker
- Schil van 2 bloedsinaasappelen plus sap van ½ (ongeveer 2 eetlepels)
- 100 g gewone bloem, plus extra om te bestuiven
- 1 theelepel bakpoeder
- 140 g pure chocolade (60-70% cacaobestanddelen), fijngehakt
- Bloedsinaasappelstof (optioneel - zie hieronder)

INSTRUCTIES:
a) Smelt de boter in een kleine pan op middelhoog vuur tot hij schuimt en een nootachtige bruine kleur krijgt. Zorg ervoor dat het niet verbrandt. Giet de gebruinde boter in een kom en zet deze opzij om af te koelen.
b) Gebruik een elektrische handklopper in een grote kom om de eieren, suiker en bloedsinaasappelschil ongeveer 5 minuten te kloppen totdat het mengsel dik en bleek wordt. Voeg het bloedsinaasappelsap toe en meng om te combineren.
c) Meng in een aparte kom de bloem en het bakpoeder en zeef het mengsel, een derde per keer, over het eierbeslag. Spatel de droge ingrediënten er voorzichtig door.
d) Neem een grote lepel beslag en meng dit door de afgekoelde, gebruinde boter tot een glad mengsel. Giet dit botermengsel terug in het beslag en spatel alles voorzichtig door elkaar tot het volledig gemengd is. Bedek de kom met huishoudfolie, druk deze op het oppervlak van het beslag en zet een nacht in de koelkast.
e) Vet een madeleinevorm met 12 gaten ongeveer 30 minuten voor het bakken in met wat extra boter en bestuif deze met bloem. Zet het blik in de vriezer en laat het 30 minuten afkoelen. Haal het beslag uit de koelkast en voeg ongeveer 1 volle eetlepel toe aan elk madeleinegat.
f) Verwarm de oven voor op 200°C/180°C hetelucht/gasstand 6. Bak de madeleines 10-12 minuten in de oven, of tot ze goudbruin zijn aan de randen. Eenmaal klaar, stort u de madeleines onmiddellijk op een rooster en laat u ze volledig afkoelen.
g) Verwarm de pure chocolade in een magnetronkom in de magnetron in perioden van 30 seconden op de hoogste stand tot ongeveer driekwart van de chocolade is gesmolten. Haal het uit de magnetron en roer krachtig tot de resterende chocolade smelt. Hierdoor wordt de chocolade getempereerd en zorgt u ervoor dat deze goed uithardt bij kamertemperatuur.
h) Doop elke madeleine voor de helft in de gesmolten chocolade, laat het overtollige bevochtigen eraf druipen en plaats ze vervolgens op een vel bakpapier. Terwijl de chocolade nog enigszins plakkerig is, kunt u deze eventueel bestrooien met bloedsinaasappelstof.
i) Laat de chocolade volledig opstijven voordat je hem serveert.

9. Citroenmadeleines

INGREDIËNTEN:
- 2 grote eieren
- 1/2 kopje kristalsuiker
- 1 kopje bloem voor alle doeleinden
- 1/2 kopje ongezouten boter, gesmolten en afgekoeld
- Schil van 2 citroenen
- 1 eetlepel citroensap
- 1/2 theelepel bakpoeder
- 1/4 theelepel zout
- Poedersuiker om te bestuiven (optioneel)

INSTRUCTIES:
a) Verwarm uw oven voor op 350 ° F (180 ° C). Vet je madeleinevorm in en bebloem hem.
b) Klop in een mengkom de eieren en de kristalsuiker tot het mengsel bleek en dik is.
c) Meng in een aparte kom de bloem, het bakpoeder en het zout.
d) Spatel de droge ingrediënten voorzichtig door het eimengsel.
e) Voeg de gesmolten boter, de citroenschil en het citroensap toe. Meng tot alles goed gemengd is.
f) Schep het beslag in de voorbereide madeleinevorm en vul elke vorm voor ongeveer 2/3 vol.
g) Bak gedurende 10-12 minuten of tot de madeleines goudbruin zijn en een bult hebben.
h) Haal ze uit de oven en laat ze een paar minuten afkoelen in de pan voordat je ze op een rooster legt.
i) Eventueel voor het serveren bestrooien met poedersuiker.

10. Grapefruitmadeleines

INGREDIËNTEN:
- 2 grote eieren
- 1/2 kopje kristalsuiker
- 1 kopje bloem voor alle doeleinden
- 1/2 kopje ongezouten boter, gesmolten en afgekoeld
- Schil van 2 grapefruits
- 1 eetlepel vers grapefruitsap
- 1/2 theelepel bakpoeder
- 1/4 theelepel zout

INSTRUCTIES:
a) Verwarm uw oven voor op 350 ° F (180 ° C). Vet je madeleinevorm in en bebloem hem.
b) Klop in een mengkom de eieren en de kristalsuiker tot het mengsel bleek en dik is.
c) Meng in een aparte kom de bloem, het bakpoeder en het zout.
d) Spatel de droge ingrediënten voorzichtig door het eimengsel.
e) Voeg de gesmolten boter, de grapefruitschil en het grapefruitsap toe. Meng tot alles goed gemengd is.
f) Schep het beslag in de voorbereide madeleinevorm en vul elke vorm voor ongeveer 2/3 vol.
g) Bak gedurende 10-12 minuten of tot de madeleines goudbruin zijn en een bult hebben.
h) Haal ze uit de oven en laat ze een paar minuten afkoelen in de pan voordat je ze op een rooster legt.

11. Limoen Madeleines

INGREDIËNTEN:
- 2 grote eieren
- 1/2 kopje kristalsuiker
- 1 kopje bloem voor alle doeleinden
- 1/2 kopje ongezouten boter, gesmolten en afgekoeld
- Schil van 2 limoenen
- 1 eetlepel vers limoensap
- 1/2 theelepel bakpoeder
- 1/4 theelepel zout

INSTRUCTIES:
a) Verwarm uw oven voor op 350 ° F (180 ° C). Vet je madeleinevorm in en bebloem hem.
b) Klop in een mengkom de eieren en de kristalsuiker tot het mengsel bleek en dik is.
c) Meng in een aparte kom de bloem, het bakpoeder en het zout.
d) Spatel de droge ingrediënten voorzichtig door het eimengsel.
e) Voeg de gesmolten boter, de limoenschil en het limoensap toe. Meng tot alles goed gemengd is.
f) Schep het beslag in de voorbereide madeleinevorm en vul elke vorm voor ongeveer 2/3 vol.
g) Bak gedurende 10-12 minuten of tot de madeleines goudbruin zijn en een bult hebben.
h) Haal ze uit de oven en laat ze een paar minuten afkoelen in de pan voordat je ze op een rooster legt.

12. Mandarijn Madeleines

INGREDIËNTEN:
- 2 grote eieren
- 1/2 kopje kristalsuiker
- 1 kopje bloem voor alle doeleinden
- 1/2 kopje ongezouten boter, gesmolten en afgekoeld
- Schil van 2 mandarijnen
- 1 eetlepel vers mandarijnsap
- 1/2 theelepel bakpoeder
- 1/4 theelepel zout

INSTRUCTIES:
a) Verwarm de oven voor op 180 °C. Vet de madeleinevormpjes in en bebloem ze.
b) Klop in een mengkom de eieren en de kristalsuiker tot ze bleek en romig worden.
c) Meng in een aparte kom de bloem, het bakpoeder en het zout.
d) Spatel de droge ingrediënten voorzichtig door het eimengsel.
e) Voeg de gesmolten boter, de mandarijnenschil en het mandarijnensap toe. Meng tot alles goed gemengd is.
f) Schep het beslag in de voorbereide madeleinevorm en vul elke vorm voor ongeveer 2/3 vol.
g) Bak gedurende 10-12 minuten of tot de madeleines goudbruin zijn en een bult hebben.
h) Laat ze een paar minuten afkoelen in de pan voordat je ze op een rooster legt.

13. Bloedsinaasappel Madeleines

INGREDIËNTEN:
- 2 grote eieren
- 1/2 kopje kristalsuiker
- 1 kopje bloem voor alle doeleinden
- 1/2 kopje ongezouten boter, gesmolten en afgekoeld
- Schil van 2 bloedsinaasappelen
- 1 eetlepel vers bloedsinaasappelsap
- 1/2 theelepel bakpoeder
- 1/4 theelepel zout

INSTRUCTIES:
a) Verwarm uw oven voor op 350 ° F (180 ° C). Vet je madeleinevorm in en bebloem hem.
b) Klop in een mengkom de eieren en de kristalsuiker tot het mengsel bleek en dik is.
c) Meng in een aparte kom de bloem, het bakpoeder en het zout.
d) Spatel de droge ingrediënten voorzichtig door het eimengsel.
e) Voeg de gesmolten boter, de schil van de bloedsinaasappel en het bloedsinaasappelsap toe. Meng tot alles goed gemengd is.
f) Schep het beslag in de voorbereide madeleinevorm en vul elke vorm voor ongeveer 2/3 vol.
g) Bak gedurende 10-12 minuten of tot de madeleines goudbruin zijn en een bult hebben.
h) Haal ze uit de oven en laat ze een paar minuten afkoelen in de pan voordat je ze op een rooster legt.

14. Clementine Madeleines

INGREDIËNTEN:
- 2 grote eieren
- 1/2 kopje kristalsuiker
- 1 kopje bloem voor alle doeleinden
- 1/2 kopje ongezouten boter, gesmolten en afgekoeld
- Schil van 2 clementines
- 1 eetlepel vers clementinesap
- 1/2 theelepel bakpoeder
- 1/4 theelepel zout

INSTRUCTIES:
a) Verwarm uw oven voor op 350 ° F (180 ° C). Vet je madeleinevorm in en bebloem hem.
b) Klop in een mengkom de eieren en de kristalsuiker tot het mengsel bleek en dik is.
c) Meng in een aparte kom de bloem, het bakpoeder en het zout.
d) Spatel de droge ingrediënten voorzichtig door het eimengsel.
e) Voeg de gesmolten boter, de clementineschil en het clementinesap toe. Meng tot alles goed gemengd is.
f) Schep het beslag in de voorbereide madeleinevorm en vul elke vorm voor ongeveer 2/3 vol.
g) Bak gedurende 10-12 minuten of tot de madeleines goudbruin zijn en een bult hebben.
h) Haal ze uit de oven en laat ze een paar minuten afkoelen in de pan voordat je ze op een rooster legt.

15. Bergamot Madeleines

INGREDIËNTEN:
- 2 grote eieren
- 1/2 kopje kristalsuiker
- 1 kopje bloem voor alle doeleinden
- 1/2 kopje ongezouten boter, gesmolten en afgekoeld
- Schil van 2 bergamot
- 1 eetlepel vers bergamotsap
- 1/2 theelepel bakpoeder
- 1/4 theelepel zout

INSTRUCTIES:
a) Verwarm de oven voor op 180 °C. Vet de madeleinevormpjes in en bebloem ze.
b) Klop in een mengkom de eieren en de kristalsuiker tot ze bleek en romig worden.
c) Meng in een aparte kom de bloem, het bakpoeder en het zout.
d) Spatel de droge ingrediënten voorzichtig door het eimengsel.
e) Voeg de gesmolten boter, de bergamotschil en het bergamotsap toe. Meng tot alles goed gemengd is.
f) Schep het beslag in de voorbereide madeleinevorm en vul elke vorm voor ongeveer 2/3 vol.
g) Bak gedurende 10-12 minuten of tot de madeleines goudbruin zijn en een bult hebben.
h) Laat ze een paar minuten afkoelen in de pan voordat je ze op een rooster legt.

16. Madeleines met grapefruit en maanzaad

INGREDIËNTEN:
- 2 grote eieren
- 1/2 kopje kristalsuiker
- 1 kopje bloem voor alle doeleinden
- 1/2 kopje ongezouten boter, gesmolten en afgekoeld
- Schil van 1 grapefruit
- 2 eetlepels vers grapefruitsap
- 1/2 theelepel bakpoeder
- 1/4 theelepel zout
- 1 eetlepel maanzaad

INSTRUCTIES:
a) Verwarm uw oven voor op 350 ° F (180 ° C). Vet je madeleinevorm in en bebloem hem.
b) Klop in een mengkom de eieren en de kristalsuiker tot het mengsel bleek en dik is.
c) Meng in een aparte kom de bloem, bakpoeder, zout en maanzaad.
d) Spatel de droge ingrediënten voorzichtig door het eimengsel.
e) Voeg de gesmolten boter, de grapefruitschil en het grapefruitsap toe. Meng tot alles goed gemengd is.
f) Schep het beslag in de voorbereide madeleinevorm en vul elke vorm voor ongeveer 2/3 vol.
g) Bak gedurende 10-12 minuten of tot de madeleines goudbruin zijn en een bult hebben.
h) Haal ze uit de oven en laat ze een paar minuten afkoelen in de pan voordat je ze op een rooster legt.

17. Key Lime Madeleines

INGREDIËNTEN:
- 2 grote eieren
- 1/2 kopje kristalsuiker
- 1 kopje bloem voor alle doeleinden
- 1/2 kopje ongezouten boter, gesmolten en afgekoeld
- Schil van 2 belangrijke limoenen
- 2 eetlepels vers limoensap
- 1/2 theelepel bakpoeder
- 1/4 theelepel zout

INSTRUCTIES:
a) Verwarm de oven voor op 180 °C. Vet de madeleinevormpjes in en bebloem ze.
b) Klop in een mengkom de eieren en de kristalsuiker tot ze bleek en romig worden.
c) Meng in een aparte kom de bloem, het bakpoeder en het zout.
d) Spatel de droge ingrediënten voorzichtig door het eimengsel.
e) Voeg de gesmolten boter, de limoenschil en het limoensap toe. Meng tot alles goed gemengd is.
f) Schep het beslag in de voorbereide madeleinevorm en vul elke vorm voor ongeveer 2/3 vol.
g) Bak gedurende 10-12 minuten of tot de madeleines goudbruin zijn en een bult hebben.
h) Laat ze een paar minuten afkoelen in de pan voordat je ze op een rooster legt.

18. Calamondin Madeleines

INGREDIËNTEN:
- 2 grote eieren
- 1/2 kopje kristalsuiker
- 1 kopje bloem voor alle doeleinden
- 1/2 kopje ongezouten boter, gesmolten en afgekoeld
- Schil van 2 calamondins
- 1 eetlepel vers calamondinesap
- 1/2 theelepel bakpoeder
- 1/4 theelepel zout

INSTRUCTIES:
a) Verwarm uw oven voor op 350 ° F (180 ° C). Vet je madeleinevorm in en bebloem hem.
b) Klop in een mengkom de eieren en de kristalsuiker tot het mengsel bleek en dik is.
c) Meng in een aparte kom de bloem, het bakpoeder en het zout.
d) Spatel de droge ingrediënten voorzichtig door het eimengsel.
e) Voeg de gesmolten boter, de calamondineschil en het calamondinesap toe. Meng tot alles goed gemengd is.
f) Schep het beslag in de voorbereide madeleinevorm en vul elke vorm voor ongeveer 2/3 vol.
g) Bak gedurende 10-12 minuten of tot de madeleines goudbruin zijn en een bult hebben.
h) Haal ze uit de oven en laat ze een paar minuten afkoelen in de pan voordat je ze op een rooster legt.

19. Kumquat Madeleines

INGREDIËNTEN:
- 2 grote eieren
- 1/2 kopje kristalsuiker
- 1 kopje bloem voor alle doeleinden
- 1/2 kopje ongezouten boter, gesmolten en afgekoeld
- Schil van 2 kumquats
- 2 eetlepels vers kumquatsap
- 1/2 theelepel bakpoeder
- 1/4 theelepel zout

INSTRUCTIES:
a) Verwarm uw oven voor op 350 ° F (180 ° C). Vet je madeleinevorm in en bebloem hem.
b) Klop in een mengkom de eieren en de kristalsuiker tot het mengsel bleek en dik is.
c) Meng in een aparte kom de bloem, het bakpoeder en het zout.
d) Spatel de droge ingrediënten voorzichtig door het eimengsel.
e) Voeg de gesmolten boter, de kumquatschil en het kumquatsap toe. Meng tot alles goed gemengd is.
f) Schep het beslag in de voorbereide madeleinevorm en vul elke vorm voor ongeveer 2/3 vol.
g) Bak gedurende 10-12 minuten of tot de madeleines goudbruin zijn en een bult hebben.
h) Haal ze uit de oven en laat ze een paar minuten afkoelen in de pan voordat je ze op een rooster legt.

20. Madeleines met citroen en lavendel

INGREDIËNTEN:
- 2 grote eieren
- 1/2 kopje kristalsuiker
- 1 kopje bloem voor alle doeleinden
- 1/2 kopje ongezouten boter, gesmolten en afgekoeld
- Schil van 2 citroenen
- 1 eetlepel citroensap
- 1/2 theelepel gedroogde lavendelknoppen (culinaire kwaliteit)
- 1/2 theelepel bakpoeder
- 1/4 theelepel zout

INSTRUCTIES:

a) Verwarm de oven voor op 180 °C. Vet de madeleinevormpjes in en bebloem ze.
b) Klop in een mengkom de eieren en de kristalsuiker tot ze bleek en romig worden.
c) Meng in een aparte kom de bloem, het bakpoeder, het zout en de gedroogde lavendelknoppen.
d) Spatel de droge ingrediënten voorzichtig door het eimengsel.
e) Voeg de gesmolten boter, de citroenschil en het citroensap toe. Meng tot alles goed gemengd is.
f) Schep het beslag in de voorbereide madeleinevorm en vul elke vorm voor ongeveer 2/3 vol.
g) Bak gedurende 10-12 minuten of tot de madeleines goudbruin zijn en een bult hebben.
h) Laat ze een paar minuten afkoelen in de pan voordat je ze op een rooster legt.

21. Bergamot en Graaf grijs Madeleines

INGREDIËNTEN:
- 2 grote eieren
- 1/2 kopje kristalsuiker
- 1 kopje bloem voor alle doeleinden
- 1/2 kopje ongezouten boter, gesmolten en afgekoeld
- Schil van 2 bergamot
- 1 eetlepel vers bergamotsap
- 1 Graaf grijstheezakje (inhoud verwijderd)
- 1/2 theelepel bakpoeder
- 1/4 theelepel zout

INSTRUCTIES:

a) Verwarm uw oven voor op 350 ° F (180 ° C). Vet je madeleinevorm in en bebloem hem.
b) Klop in een mengkom de eieren en de kristalsuiker tot het mengsel bleek en dik is.
c) Open het Graaf grijstheezakje en meng de theeblaadjes met de bloem, bakpoeder en zout in een aparte kom.
d) Spatel de droge ingrediënten voorzichtig door het eimengsel.
e) Voeg de gesmolten boter, de bergamotschil en het bergamotsap toe. Meng tot alles goed gemengd is.
f) Schep het beslag in de voorbereide madeleinevorm en vul elke vorm voor ongeveer 2/3 vol.
g) Bak gedurende 10-12 minuten of tot de madeleines goudbruin zijn en een bult hebben.
h) Haal ze uit de oven en laat ze een paar minuten afkoelen in de pan voordat je ze op een rooster legt.

FRUITIGE MADELEINES

22. Madeleines met frambozen en limoen

INGREDIËNTEN:
- 150 g ongezouten boter, gesmolten en licht gekoeld, plus extra om in te vetten
- 125 g bloem, gezeefd, plus extra om te bestuiven
- 2 grote eieren
- 150 g kristalsuiker
- 1 theelepel vanille-extract
- 1 theelepel fijn geraspte limoenschil, plus extra om te serveren
- 1 snufje zout
- 140 gram frambozen
- Poedersuiker om te bestuiven

INSTRUCTIES:
a) Verwarm de oven voor op 190°C (170° hetelucht) gasstand 5. Vet twee Madeleine-vormpjes met 12 gaten in met een beetje boter. Bestrooi licht met bloem en gooi het overtollige eruit.
b) Klop met een elektrische mixer de eieren en de suiker in een grote mengkom in 2-3 minuten bleek en dik.
c) Voeg het vanille-extract, de limoenschil en het zout toe en klop goed om het op te nemen.
d) Spatel de gezeefde bloem erdoor en roer er geleidelijk de gesmolten, afgekoelde boter door tot het volledig is opgenomen en het beslag glad is.
e) Schep ongeveer 1 eetlepel beslag in elk gaatje van de vormpjes.
f) Bestrijk het beslag met frambozen.
g) Bak ongeveer 15 minuten tot ze goudbruin en gepoft zijn.
h) Verwijder de mallen op roosters om 5 minuten af te koelen.
i) Haal de frambozenmadeleines voorzichtig uit de vormpjes en garneer ze voor het serveren met poedersuiker en wat limoenschil. Genieten!

23. Bananenmadeleines

INGREDIËNTEN:
- 3 superrijpe bananen
- ½ kopje kokosolie
- 1 kopje witte suiker
- 1 groot ei
- 2 kopjes All-purpose Flour
- ½ theelepel zout
- 1 theelepel zuiveringszout
- ½ theelepel vanille-extract
- ½ theelepel gemalen kaneel

INSTRUCTIES:

a) Verwarm de oven voor op 175°C. Vet een madeleinevormpan in met kokosolie.

b) Pureer de superrijpe bananen in een mengkom met een vork tot een gladde massa.

c) Klop in een aparte kom de kokosolie, witte suiker, vanille-extract en ei tot alles goed gemengd en romig is.

d) Voeg de geprakte bananen toe aan de natte ingrediënten en meng tot ze zijn opgenomen.

e) Klop in een andere kom de bloem, het zout, het zuiveringszout en de gemalen kaneel door elkaar.

f) Voeg geleidelijk het droge bloemmengsel toe aan het natte bananenmengsel en roer tot het beslag helemaal glad is en er geen klontjes meer achterblijven.

g) Schep het beslag in elke vorm van de ingevette madeleinevorm en vul elke vorm voor ongeveer driekwart.

h) Bak de bananenmadeleines ongeveer 10 minuten in de voorverwarmde oven, of totdat een tandenstoker die je in het midden van de madeleine steekt er schoon uitkomt. Elke madeleine zou een kleine bult moeten hebben die vanuit het midden omhoog komt.

i) Haal de madeleines uit de oven en laat ze een paar minuten afkoelen in de pan. Haal ze vervolgens voorzichtig uit de vormpjes en leg ze op een rooster om volledig af te koelen.

j) Geniet van de heerlijke en vochtige bananenmadeleines als een heerlijke traktatie voor het ontbijt, tussendoortje of wanneer je zin hebt in een bakproduct met bananensmaak en een vleugje kaneel. Deze kleine lekkernijen zullen zeker vreugde brengen aan uw smaakpapillen!

24. Madeleines met citroen en bosbessen

INGREDIËNTEN:
- 115 g gezouten boter
- 130 g bloem voor alle doeleinden
- ½ theelepel bakpoeder
- 3 grote eieren, op kamertemperatuur
- 120 g fijne suiker
- 1 theelepel puur vanille-extract
- 1 theelepel vers geraspte citroenschil
- ½ kopje bosbessen

INSTRUCTIES:

a) Smelt de boter in de magnetron en zet hem opzij.

b) Zeef de bloem en het bakpoeder in een kleine kom en zet dit opzij.

c) Klop met een mixer de eieren en de suiker op hoge snelheid tot het mengsel dik en bleek is.

d) Klop het vanille-extract en de citroenschil erdoor.

e) Voeg ongeveer een derde van de bloem toe aan de opgeklopte eieren en spatel het voorzichtig erdoor met een rubberen spatel.

f) Vouw de helft van de resterende bloem erdoor en vouw vervolgens de rest erdoor. Pas op dat u niet te lang mengt, omdat het beslag daardoor kan leeglopen.

g) Spatel geleidelijk de gesmolten boter erdoor.

h) Als de tijd het toelaat, dek het beslag dan af en laat het minimaal 3 uur of bij voorkeur een hele nacht in de koelkast staan. Als dat niet het geval is, kunt u bakken zonder koeling.

i) Verwarm uw oven voor op 190°C.

j) Vet de vormpjes van twee Madeleine-pannen royaal in met boter.

k) Zet de pannen in de koelkast tot de boter hard wordt (ongeveer 10 minuten).

l) Laat een royale eetlepel beslag in het midden van elke voorbereide vorm vallen.

m) Beleg elke Madeleine met een paar bosbessen.

n) Bak de Madeleines ongeveer 10-15 minuten, of tot de randen goudbruin zijn.

o) Haal de Madeleines uit de vormpjes en laat ze afkoelen op een rooster.

p) Geniet van deze heerlijke madeleines met citroen en bosbessen als een perfecte traktatie voor bij de thee of als dessert!

25. Napolitaanse Madeleines

INGREDIËNTEN:
VOOR NAPOLITAANSE Madeleines
- 4 grote eieren, op kamertemperatuur
- 1 kopje kristalsuiker
- 1 theelepel puur vanille-extract
- 2 kopjes All-purpose Flour
- 2 theelepels bakpoeder
- 1 theelepel fijn zeezout
- 1 kopje ongezouten boter, op kamertemperatuur
- 2 eetlepels donker, ongezoet cacaopoeder
- ¼ kopje - ½ kopje gevriesdroogde bessen (aardbei of gemengde bessen)

VOOR HONINGGLAZUUR:
- ¼ kopje honing
- 1-2 eetlepels bevochtigen

INSTRUCTIES:
a) Gebruik een vijzel en stamper, een koffiemolen of een muddler en mengkom om de gevriesdroogde bessen te verpletteren totdat ze in fijn stof veranderen. Zeef het in een kom en zet opzij, met als doel ongeveer 3 eetlepels aardbeienpoeder. Zeef het cacaopoeder in een andere kleine mengkom en zet opzij.
b) Zeef de bloem, het bakpoeder en het zout in een mengkom en klop alles door elkaar.
c) Doe de eieren in de kom van een keukenmixer voorzien van een gardeopzetstuk. Klop op middelhoge snelheid en voeg geleidelijk de suiker toe totdat alle suiker is opgenomen. Zet de mixer op de hoogste stand en klop tot het volume van de eieren is verdubbeld, wat 3 tot 5 minuten kan duren.
d) Haal de kom van de keukenmixer en roer de vanille er met de hand door, gevolgd door de gezeefde bloem, bakpoeder en zout. Verdeel het beslag gelijkmatig over 3 aparte kommen. Voeg het gezeefde aardbeienpoeder toe aan een kom en roer tot de kleur volledig is gemengd. Voeg het cacaopoeder toe aan een andere kom met beslag en roer tot de kleur volledig is gemengd. Laat de derde kom achter als pure vanille.
e) Dek de kommen af en laat het beslag minimaal 30 minuten en maximaal een uur rusten.

f) Smelt ondertussen de boter in een kleine pan op middelhoog vuur. Bewaar ¼ kopje (4 eetlepels) van de gesmolten boter om de pannen mee te bestrijken en laat de rest 20-30 minuten afkoelen.

g) Roer de ¼ kop (4 eetlepels) gesmolten boter door elk van de 3 beslagen tot een gladde massa. Dek het beslag af en laat het nog eens 30 minuten of maximaal een uur rusten.

h) Verwarm de oven voor op 200 °C.

i) Breng elk beslag over in afzonderlijke ritssluitingszakjes en knip op elk zakje een klein hoekje af om het beslag er voorzichtig in een glad lint uit te persen.

j) Bestrijk de madeleinevormpjes met de overgebleven gesmolten boter. Vul elke inkeping in de vormen voor driekwart met beslag en leg elk van de 3 smaken horizontaal in elke schaal. Tik een paar keer met de pan op het aanrecht om het beslag gelijkmatig te verdelen.

k) Bak de Madeleines tot de randen goudbruin beginnen te worden en het midden ongeveer 8 tot 10 minuten is opgezwollen. Wanneer een tandenstoker die je in het midden steekt er schoon uitkomt, zijn de Madeleines klaar. Haal ze uit de oven, laat ze ongeveer 3 minuten afkoelen en stort ze vervolgens op een koelrek.

l) Klop in een kleine kom ¼ kopje honing met 1-2 eetlepels bevochtigen tot een verbevochtigend honingglazuur.

m) Zodra de Madeleines iets zijn afgekoeld, bestrijk je ze met een bakkwast voorzichtig met het honingglazuur.

n) Laat het glazuur uitharden en serveer deze heerlijke Napolitaanse Madeleines met thee of een lekker flesje Rosé.

o) Geniet van de overvloed aan smaken en kleuren in deze heerlijke Napolitaanse Madeleines, perfect voor een speciale gelegenheid of een heerlijke middagtraktatie.

26. Madeleines met jam en kokosnoot

INGREDIËNTEN:
Madeleines
- 100 g boter, grof gehakt
- 1 ei
- 1 theelepel vanille-extract
- ¼ kopje kristalsuiker
- ¼ kopje fijn gedroogde kokosnoot
- ½ kopje gewone bloem
- ½ theelepel bakpoeder
- 100 g aardbeienjam

ROZE glazuur:
- 2 kopjes poedersuiker, gezeefd
- 1 eetlepel melk
- 3 druppels rode kleurstof
- 2 theelepels vanilleboonextract

KOKOSNOOT KRUIM:
- ½ kopje fijn gedroogde kokosnoot
- ½ kopje mout-o-melkkoekjes, geplet
- 50 g witte chocolade (optioneel)

INSTRUCTIES:

a) Verwarm de oven voor op 180°C (160°C hetelucht). Vet een madeleinevorm met 12 gaatjes lichtjes in en bestuif deze licht met bloem. Schud de overtollige bloem eruit.

b) Smelt de 100 g boter in een kleine pan op middelhoog vuur gedurende 2-3 minuten tot hij lichtbruin is. Laat de gesmolten boter afkoelen.

c) Klop in een mengkom het ei, het vanille-extract, de basterdsuiker en de gedroogde kokosnoot gedurende 3 minuten tot het bleek en romig is.

d) Zeef de gewone bloem en het bakpoeder door elkaar. Spatel het bloemmengsel voorzichtig door het eimengsel. Voeg de gesmolten boter toe en roer om te combineren.

e) Schep het beslag in de madeleinevormpjes en vul ze slechts voor de helft. Schep ¼ theelepel aardbeienjam in het midden van elke madeleine en bedek met nog een beetje beslag.

f) Bak gedurende 9 minuten of tot de madeleines licht goudbruin en zacht zijn. Laat ze 2 minuten in de vorm staan en stort ze vervolgens op een rooster om volledig af te koelen.

g) Om het roze glazuur te maken, combineer je de gezeefde poedersuiker, melk, rode kleurstof en vanilleboonextract in een middelgrote kom. Roer tot er een enigszins dikke pasta ontstaat en zet deze opzij.

h) Gebruik voor de kokosnootkruimels een keukenmachine om de mout-o-melkkoekjes tot kruimels te malen. Voeg de gedroogde kokosnoot (en eventueel witte chocolade) toe en laat nog eens 20 seconden draaien.

i) Sprenkel het roze glazuur over elke madeleine en strooi het kokoskruim aan één kant of helemaal over de bovenkant, afhankelijk van je voorkeur voor meer knapperigheid.

j) Geniet van deze mooie en heerlijke madeleines met jam en kokosnoot als een heerlijke traktatie voor theetijd of een speciale gelegenheid!

27. Aardbeienmadeleines

INGREDIËNTEN:
- 2 grote eieren
- 1/2 kopje kristalsuiker
- 1 kopje bloem voor alle doeleinden
- 1/2 kopje ongezouten boter, gesmolten en afgekoeld
- 1/2 kop verse aardbeien, gepureerd
- 1/2 theelepel bakpoeder
- 1/4 theelepel zout

INSTRUCTIES:
a) Verwarm uw oven voor op 350 ° F (180 ° C). Vet je madeleinevorm in en bebloem hem.
b) Klop in een mengkom de eieren en de kristalsuiker tot het mengsel bleek en dik is.
c) Meng in een aparte kom de bloem, het bakpoeder en het zout.
d) Spatel de droge ingrediënten voorzichtig door het eimengsel.
e) Voeg de gesmolten boter en de aardbeienpuree toe. Meng tot alles goed gemengd is.
f) Schep het beslag in de voorbereide madeleinevorm en vul elke vorm voor ongeveer 2/3 vol.
g) Bak gedurende 10-12 minuten of tot de madeleines goudbruin zijn en een bult hebben.
h) Haal ze uit de oven en laat ze een paar minuten afkoelen in de pan voordat je ze op een rooster legt.

28. Madeleines met bosbessen

INGREDIËNTEN:
- 2 grote eieren
- 1/2 kopje kristalsuiker
- 1 kopje bloem voor alle doeleinden
- 1/2 kopje ongezouten boter, gesmolten en afgekoeld
- 1/2 kop verse bosbessen
- 1/2 theelepel bakpoeder
- 1/4 theelepel zout

INSTRUCTIES:
a) Verwarm de oven voor op 180 °C. Vet de madeleinevormpjes in en bebloem ze.
b) Klop in een mengkom de eieren en de kristalsuiker tot ze bleek en romig worden.
c) Meng in een aparte kom de bloem, het bakpoeder en het zout.
d) Spatel de droge ingrediënten voorzichtig door het eimengsel.
e) Voeg de gesmolten boter toe en spatel er voorzichtig de verse bosbessen door.
f) Schep het beslag in de voorbereide madeleinevorm en vul elke vorm voor ongeveer 2/3 vol.
g) Bak gedurende 10-12 minuten of tot de madeleines goudbruin zijn en een bult hebben.
h) Laat ze een paar minuten afkoelen in de pan voordat je ze op een rooster legt.

29. Ananas Madeleines

INGREDIËNTEN:
- 2 grote eieren
- 1/2 kopje kristalsuiker
- 1 kopje bloem voor alle doeleinden
- 1/2 kopje ongezouten boter, gesmolten en afgekoeld
- 1/2 kop gemalen ananas (ingeblikt of vers)
- 1/2 theelepel bakpoeder
- 1/4 theelepel zout

INSTRUCTIES:
a) Verwarm uw oven voor op 350 ° F (180 ° C). Vet je madeleinevorm in en bebloem hem.
b) Klop in een mengkom de eieren en de kristalsuiker tot het mengsel bleek en dik is.
c) Meng in een aparte kom de bloem, het bakpoeder en het zout.
d) Spatel de droge ingrediënten voorzichtig door het eimengsel.
e) Voeg de gesmolten boter en de geplette ananas toe. Meng tot alles goed gemengd is.
f) Schep het beslag in de voorbereide madeleinevorm en vul elke vorm voor ongeveer 2/3 vol.
g) Bak gedurende 10-12 minuten of tot de madeleines goudbruin zijn en een bult hebben.
h) Haal ze uit de oven en laat ze een paar minuten afkoelen in de pan voordat je ze op een rooster legt.

30. Mangomadeleine

INGREDIËNTEN:
- 2 grote eieren
- 1/2 kopje kristalsuiker
- 1 kopje bloem voor alle doeleinden
- 1/2 kopje ongezouten boter, gesmolten en afgekoeld
- 1/2 kop rijpe mangopuree
- 1/2 theelepel bakpoeder
- 1/4 theelepel zout

INSTRUCTIES:
a) Verwarm de oven voor op 180 °C. Vet de madeleinevormpjes in en bebloem ze.
b) Klop in een mengkom de eieren en de kristalsuiker tot ze bleek en romig worden.
c) Meng in een aparte kom de bloem, het bakpoeder en het zout.
d) Spatel de droge ingrediënten voorzichtig door het eimengsel.
e) Voeg de gesmolten boter en mangopuree toe. Meng tot alles goed gemengd is.
f) Schep het beslag in de voorbereide madeleinevorm en vul elke vorm voor ongeveer 2/3 vol.
g) Bak gedurende 10-12 minuten of tot de madeleines goudbruin zijn en een bult hebben.
h) Laat ze een paar minuten afkoelen in de pan voordat je ze op een rooster legt.

31. Madeleines van bramen

INGREDIËNTEN:
- 2 grote eieren
- 1/2 kop kristalsuiker
- 1 kopje bloem voor alle doeleinden
- 1/2 kopje ongezouten boter, gesmolten en afgekoeld
- 1/2 kopje verse bramen
- 1/2 theelepel bakpoeder
- 1/4 theelepel zout

INSTRUCTIES:
a) Verwarm uw oven voor op 350 ° F (180 ° C). Vet je madeleinevorm in en bebloem hem.
b) Klop in een mengkom de eieren en de kristalsuiker tot het mengsel bleek en dik is.
c) Meng in een aparte kom de bloem, het bakpoeder en het zout.
d) Spatel de droge ingrediënten voorzichtig door het eimengsel.
e) Voeg de gesmolten boter toe en spatel voorzichtig de verse bramen erdoor.
f) Schep het beslag in de voorbereide madeleinevorm en vul elke vorm voor ongeveer 2/3 vol.
g) Bak gedurende 10-12 minuten of tot de madeleines goudbruin zijn en een bult hebben.
h) Haal ze uit de oven en laat ze een paar minuten afkoelen in de pan voordat je ze op een rooster legt.

32. Madeleines met kersen

INGREDIËNTEN:
- 2 grote eieren
- 1/2 kopje kristalsuiker
- 1 kopje bloem voor alle doeleinden
- 1/2 kopje ongezouten boter, gesmolten en afgekoeld
- 1/2 kop verse of bevroren kersen, ontpit en gehakt
- 1/2 theelepel bakpoeder
- 1/4 theelepel zout

INSTRUCTIES:
a) Verwarm uw oven voor op 350 ° F (180 ° C). Vet je madeleinevorm in en bebloem hem.
b) Klop in een mengkom de eieren en de kristalsuiker tot het mengsel bleek en dik is.
c) Meng in een aparte kom de bloem, het bakpoeder en het zout.
d) Spatel de droge ingrediënten voorzichtig door het eimengsel.
e) Voeg de gesmolten boter en de gehakte kersen toe. Meng tot alles goed gemengd is.
f) Schep het beslag in de voorbereide madeleinevorm en vul elke vorm voor ongeveer 2/3 vol.
g) Bak gedurende 10-12 minuten of tot de madeleines goudbruin zijn en een bult hebben.
h) Haal ze uit de oven en laat ze een paar minuten afkoelen in de pan voordat je ze op een rooster legt.

33. Perzik Madeleines

INGREDIËNTEN:
- 2 grote eieren
- 1/2 kopje kristalsuiker
- 1 kopje bloem voor alle doeleinden
- 1/2 kopje ongezouten boter, gesmolten en afgekoeld
- 1/2 kop verse of ingeblikte perzikpuree
- 1/2 theelepel bakpoeder
- 1/4 theelepel zout

INSTRUCTIES:
a) Verwarm de oven voor op 180 °C. Vet de madeleinevormpjes in en bebloem ze.
b) Klop in een mengkom de eieren en de kristalsuiker tot ze bleek en romig worden.
c) Meng in een aparte kom de bloem, het bakpoeder en het zout.
d) Spatel de droge ingrediënten voorzichtig door het eimengsel.
e) Voeg de gesmolten boter en de perzikpuree toe. Meng tot alles goed gemengd is.
f) Schep het beslag in de voorbereide madeleinevorm en vul elke vorm voor ongeveer 2/3 vol.
g) Bak gedurende 10-12 minuten of tot de madeleines goudbruin zijn en een bult hebben.
h) Laat ze een paar minuten afkoelen in de pan voordat je ze op een rooster legt.

34. Abrikozen Madeleine

INGREDIËNTEN:
- 2 grote eieren
- 1/2 kopje kristalsuiker
- 1 kopje bloem voor alle doeleinden
- 1/2 kopje ongezouten boter, gesmolten en afgekoeld
- 1/2 kop verse of ingeblikte abrikozenpuree
- 1/2 theelepel bakpoeder
- 1/4 theelepel zout

INSTRUCTIES:
a) Verwarm uw oven voor op 350 ° F (180 ° C). Vet je madeleinevorm in en bebloem hem.
b) Klop in een mengkom de eieren en de kristalsuiker tot het mengsel bleek en dik is.
c) Meng in een aparte kom de bloem, het bakpoeder en het zout.
d) Spatel de droge ingrediënten voorzichtig door het eimengsel.
e) Voeg de gesmolten boter en de abrikozenpuree toe. Meng tot alles goed gemengd is.
f) Schep het beslag in de voorbereide madeleinevorm en vul elke vorm voor ongeveer 2/3 vol.
g) Bak gedurende 10-12 minuten of tot de madeleines goudbruin zijn en een bult hebben.
h) Haal ze uit de oven en laat ze een paar minuten afkoelen in de pan voordat je ze op een rooster legt.

35. Appel Kaneel Madeleines

INGREDIËNTEN:
- 2 grote eieren
- 1/2 kopje kristalsuiker
- 1 kopje bloem voor alle doeleinden
- 1/2 kopje ongezouten boter, gesmolten en afgekoeld
- 1/2 kop fijngehakte appels (bijv. Granny Smith)
- 1/2 theelepel gemalen kaneel
- 1/2 theelepel bakpoeder
- 1/4 theelepel zout

INSTRUCTIES:
a) Verwarm uw oven voor op 350 ° F (180 ° C). Vet je madeleinevorm in en bebloem hem.
b) Klop in een mengkom de eieren en de kristalsuiker tot het mengsel bleek en dik is.
c) Meng in een aparte kom de bloem, het bakpoeder, het zout en de gemalen kaneel.
d) Spatel de droge ingrediënten voorzichtig door het eimengsel.
e) Voeg de gesmolten boter en de gehakte appels toe. Meng tot alles goed gemengd is.
f) Schep het beslag in de voorbereide madeleinevorm en vul elke vorm voor ongeveer 2/3 vol.
g) Bak gedurende 10-12 minuten of tot de madeleines goudbruin zijn en een bult hebben.
h) Haal ze uit de oven en laat ze een paar minuten afkoelen in de pan voordat je ze op een rooster legt.

36. Gemengde bessenmadeleines

INGREDIËNTEN:
- 2 grote eieren
- 1/2 kopje kristalsuiker
- 1 kopje bloem voor alle doeleinden
- 1/2 kopje ongezouten boter, gesmolten en afgekoeld
- 1/2 kopje gemengde bessen (bijv. aardbeien, bosbessen, frambozen), fijngehakt
- 1/2 theelepel bakpoeder
- 1/4 theelepel zout

INSTRUCTIES:
a) Verwarm de oven voor op 180 °C. Vet de madeleinevormpjes in en bebloem ze.
b) Klop in een mengkom de eieren en de kristalsuiker tot ze bleek en romig worden.
c) Meng in een aparte kom de bloem, het bakpoeder en het zout.
d) Spatel de droge ingrediënten voorzichtig door het eimengsel.
e) Voeg de gesmolten boter en fijngehakte gemengde bessen toe. Meng tot alles goed gemengd is.
f) Schep het beslag in de voorbereide madeleinevorm en vul elke vorm voor ongeveer 2/3 vol.
g) Bak gedurende 10-12 minuten of tot de madeleines goudbruin zijn en een bult hebben.
h) Laat ze een paar minuten afkoelen in de pan voordat je ze op een rooster legt.

37. Banaan Walnoot Madeleines

INGREDIËNTEN:
- 2 grote eieren
- 1/2 kopje kristalsuiker
- 1 kopje bloem voor alle doeleinden
- 1/2 kopje ongezouten boter, gesmolten en afgekoeld
- 1/2 kop rijpe banaan, gepureerd
- 1/4 kopje gehakte walnoten
- 1/2 theelepel bakpoeder
- 1/4 theelepel zout

INSTRUCTIES:
a) Verwarm uw oven voor op 350 ° F (180 ° C). Vet je madeleinevorm in en bebloem hem.
b) Klop in een mengkom de eieren en de kristalsuiker tot het mengsel bleek en dik is.
c) Meng in een aparte kom de bloem, het bakpoeder, het zout en de gehakte walnoten.
d) Spatel de droge ingrediënten voorzichtig door het eimengsel.
e) Voeg de gesmolten boter en de geprakte banaan toe. Meng tot alles goed gemengd is.
f) Schep het beslag in de voorbereide madeleinevorm en vul elke vorm voor ongeveer 2/3 vol.
g) Bak gedurende 10-12 minuten of tot de madeleines goudbruin zijn en een bult hebben.
h) Haal ze uit de oven en laat ze een paar minuten afkoelen in de pan voordat je ze op een rooster legt.

38. Pruimenmadeleines

INGREDIËNTEN:
- 2 grote eieren
- 1/2 kopje kristalsuiker
- 1 kopje bloem voor alle doeleinden
- 1/2 kopje ongezouten boter, gesmolten en afgekoeld
- 1/2 kop rijpe pruimenpuree
- 1/2 theelepel bakpoeder
- 1/4 theelepel zout

INSTRUCTIES:

a) Verwarm uw oven voor op 350 ° F (180 ° C). Vet je madeleinevorm in en bebloem hem.
b) Klop in een mengkom de eieren en de kristalsuiker tot het mengsel bleek en dik is.
c) Meng in een aparte kom de bloem, het bakpoeder en het zout.
d) Spatel de droge ingrediënten voorzichtig door het eimengsel.
e) Voeg de gesmolten boter en de pruimenpuree toe. Meng tot alles goed gemengd is.
f) Schep het beslag in de voorbereide madeleinevorm en vul elke vorm voor ongeveer 2/3 vol.
g) Bak gedurende 10-12 minuten of tot de madeleines goudbruin zijn en een bult hebben.
h) Haal ze uit de oven en laat ze een paar minuten afkoelen in de pan voordat je ze op een rooster legt.

39. Papaya Madeleines

INGREDIËNTEN:
- 2 grote eieren
- 1/2 kopje kristalsuiker
- 1 kopje bloem voor alle doeleinden
- 1/2 kopje ongezouten boter, gesmolten en afgekoeld
- 1/2 kopje verse papajapuree
- 1/2 theelepel bakpoeder
- 1/4 theelepel zout

INSTRUCTIES:
a) Verwarm de oven voor op 180 °C. Vet de madeleinevormpjes in en bebloem ze.
b) Klop in een mengkom de eieren en de kristalsuiker tot ze bleek en romig worden.
c) Meng in een aparte kom de bloem, het bakpoeder en het zout.
d) Spatel de droge ingrediënten voorzichtig door het eimengsel.
e) Voeg de gesmolten boter en papajapuree toe. Meng tot alles goed gemengd is.
f) Schep het beslag in de voorbereide madeleinevorm en vul elke vorm voor ongeveer 2/3 vol.
g) Bak gedurende 10-12 minuten of tot de madeleines goudbruin zijn en een bult hebben.
h) Laat ze een paar minuten afkoelen in de pan voordat je ze op een rooster legt.

40. Bevochtigenmeloen Madeleines

INGREDIËNTEN:
- 2 grote eieren
- 1/2 kopje kristalsuiker
- 1 kopje bloem voor alle doeleinden
- 1/2 kopje ongezouten boter, gesmolten en afgekoeld
- 1/2 kop verse bevochtigenmeloenpuree
- 1/2 theelepel bakpoeder
- 1/4 theelepel zout

INSTRUCTIES:
a) Verwarm uw oven voor op 350 ° F (180 ° C). Vet je madeleinevorm in en bebloem hem.
b) Klop in een mengkom de eieren en de kristalsuiker tot het mengsel bleek en dik is.
c) Meng in een aparte kom de bloem, het bakpoeder en het zout.
d) Spatel de droge ingrediënten voorzichtig door het eimengsel.
e) Voeg de gesmolten boter en de bevochtigenmeloenpuree toe. Meng tot alles goed gemengd is.
f) Schep het beslag in de voorbereide madeleinevorm en vul elke vorm voor ongeveer 2/3 vol.
g) Bak gedurende 10-12 minuten of tot de madeleines goudbruin zijn en een bult hebben.
h) Haal ze uit de oven en laat ze een paar minuten afkoelen in de pan voordat je ze op een rooster legt.

41. Passievruchtmadeleines

INGREDIËNTEN:
- 2 grote eieren
- 1/2 kopje kristalsuiker
- 1 kopje bloem voor alle doeleinden
- 1/2 kopje ongezouten boter, gesmolten en afgekoeld
- Pulp en zaden van 2 rijpe passievruchten
- 1/2 theelepel bakpoeder
- 1/4 theelepel zout

INSTRUCTIES:
a) Verwarm uw oven voor op 350 ° F (180 ° C). Vet je madeleinevorm in en bebloem hem.
b) Klop in een mengkom de eieren en de kristalsuiker tot het mengsel bleek en dik is.
c) Meng in een aparte kom de bloem, het bakpoeder en het zout.
d) Spatel de droge ingrediënten voorzichtig door het eimengsel.
e) Voeg de gesmolten boter en het vruchtvlees en de zaden van de passievruchten toe. Meng tot alles goed gemengd is.
f) Schep het beslag in de voorbereide madeleinevorm en vul elke vorm voor ongeveer 2/3 vol.
g) Bak gedurende 10-12 minuten of tot de madeleines goudbruin zijn en een bult hebben.
h) Haal ze uit de oven en laat ze een paar minuten afkoelen in de pan voordat je ze op een rooster legt.

42. Guava Madeleine

INGREDIËNTEN:

- 2 grote eieren
- 1/2 kopje kristalsuiker
- 1 kopje bloem voor alle doeleinden
- 1/2 kopje ongezouten boter, gesmolten en afgekoeld
- 1/2 kop guavepuree (van rijpe guaves)
- 1/2 theelepel bakpoeder
- 1/4 theelepel zout

INSTRUCTIES:

a) Verwarm de oven voor op 180 °C. Vet de madeleinevormpjes in en bebloem ze.
b) Klop in een mengkom de eieren en de kristalsuiker tot ze bleek en romig worden.
c) Meng in een aparte kom de bloem, het bakpoeder en het zout.
d) Spatel de droge ingrediënten voorzichtig door het eimengsel.
e) Voeg de gesmolten boter en de guavepuree toe. Meng tot alles goed gemengd is.
f) Schep het beslag in de voorbereide madeleinevorm en vul elke vorm voor ongeveer 2/3 vol.
g) Bak gedurende 10-12 minuten of tot de madeleines goudbruin zijn en een bult hebben.
h) Laat ze een paar minuten afkoelen in de pan voordat je ze op een rooster legt.

43. Kiwi- Madeleines

INGREDIËNTEN:
- 2 grote eieren
- 1/2 kopje kristalsuiker
- 1 kopje bloem voor alle doeleinden
- 1/2 kopje ongezouten boter, gesmolten en afgekoeld
- 2 rijpe kiwi's, geschild en gepureerd
- 1/2 theelepel bakpoeder
- 1/4 theelepel zout

INSTRUCTIES:
a) Verwarm uw oven voor op 350 ° F (180 ° C). Vet je madeleinevorm in en bebloem hem.
b) Klop in een mengkom de eieren en de kristalsuiker tot het mengsel bleek en dik is.
c) Meng in een aparte kom de bloem, het bakpoeder en het zout.
d) Spatel de droge ingrediënten voorzichtig door het eimengsel.
e) Voeg de gesmolten boter en de gepureerde kiwi's toe. Meng tot alles goed gemengd is.
f) Schep het beslag in de voorbereide madeleinevorm en vul elke vorm voor ongeveer 2/3 vol.
g) Bak gedurende 10-12 minuten of tot de madeleines goudbruin zijn en een bult hebben.
h) Haal ze uit de oven en laat ze een paar minuten afkoelen in de pan voordat je ze op een rooster legt.

44. Madeleine Aardbeien-Charlotte Taart

INGREDIËNTEN:
VOOR DE MADELEINES (ongeveer 20 stuks):
- 1 theelepel gesmolten boter voor de madeleinevorm
- 3 ½ ounces (100 g) boter, gesmolten en iets afgekoeld
- 3½ ons (100 g) bloem voor alle doeleinden
- 2 grote eieren
- 3½ ons (100 g) basterdsuiker
- Sap en schil van 1 citroen
- ¾ theelepel bakpoeder

VOOR DE STROOP:
- ½ kopje (100 g) gouden basterdsuiker
- ⅓ kopje + 1 eetlepel (100 ml) bevochtigen
- 2 eetlepels rum of andere sterke drank (optioneel)

VOOR DE AARDBEIMOUSSE:
- 2 kopjes (300 g) aardbeien, gewassen
- ½ kopje (100 g) kristalsuiker
- 4 eierdooiers
- 5 blaadjes gelatine
- 1 ¼ kopje (300 ml) slagroom
- 1 vanilleboon

VOOR DECORATIE:
- 250 g gemengde verse bessen (aardbeien en frambozen)

INSTRUCTIES:
VOOR DE Madeleines
a) Verwarm de oven voor op 200 °C. Bestrijk de madeleinevorm met gesmolten boter of bakspray en bestuif met bloem, waarbij je het overtollige eruit tikt.

b) Klop de eieren en de suiker in een kom tot een schuimig mengsel. Klop de overige ingrediënten er lichtjes door. Laat het 20 minuten staan voordat u het voorzichtig in de voorbereide madeleinevorm giet.

c) Bak 8-10 minuten tot de madeleines in het midden een beetje rijzen en volledig gaar zijn. Leg de madeleines op een rooster en laat ze iets afkoelen.

VOOR DE STROOP:
d) Meng suiker en bevochtigen in een kleine pan. Breng aan de kook en laat 2 minuten koken. Voeg de rum toe en laat nog een minuut koken. Laat het afkoelen.

VOOR DE AARDBEIMOUSSE:
e) Verwijder de steeltjes van de aardbeien. Verwarm de aardbeien in een pan met de helft van de suiker en roer tot er een puree ontstaat.
f) Druk de hete aardbeienpuree door een fijne zeef om de pitjes te verwijderen en zet de puree opzij.
g) Bedek de gelatineblaadjes met koud bevochtigen in een schone kom. Klop in een andere kom de eierdooiers met de resterende suiker. Giet de hete aardbeienpuree op het dooier-suikermengsel en klop voortdurend.
h) Doe het mengsel in een pan en verwarm terwijl je voortdurend mengt tot de puree dikker wordt en de achterkant van een lepel bedekt.
i) Giet de gelatineblaadjes af, knijp ze uit en voeg ze toe aan de hete aardbeienpuree. Roer en zet opzij om af te koelen.
j) Klop de slagroom met een elektrische handklopper tot zachte pieken en voeg halverwege de zaadjes van het vanillestokje toe.
k) Als de aardbeienpuree is afgekoeld, roer je de slagroom er in twee keer door, zodat een gladde en romige mousse ontstaat.

OM DE CHARLOTTE TE BOUWEN:
l) Bekleed een springvorm van 22 cm met een verwijderbare bodem met bakpapier.
m) Snijd de madeleines in de lengte doormidden en lijn het blik met de gebogen zijkanten tegen de wand van het blik. Maak een aantal van de resterende madeleinehelften één voor één vochtig in de siroop en gebruik ze onmiddellijk om de bodem van de springvorm te bedekken.
n) Bestrijk de madeleines voorzichtig met de helft van de aardbeienmousse met een pollepel.
o) Voeg een laatste laag van de in de siroop gedrenkte madeleines toe en bedek met de resterende mousse, waarbij u bovenaan wat ruimte laat (de madeleines aan de zijkanten moeten hoger zijn dan de mousse). Als er nog mousse over is, giet deze dan in een of twee schaaltjes.
p) Zet de taart minimaal 3 uur in de koelkast om op te stijven. Haal de taart, zodra deze klaar is, voorzichtig uit de springvorm en plaats hem op een serveerschaal of taartplateau. Versier met gemengd zomerfruit.
q) Geniet van deze heerlijke Madeleine Strawberry Charlotte Taart, een Franse klassieker met een twist die zeker indruk zal maken op uw gasten en uw zoete trek zal stillen!

NOOTACHTIGE MADELEINES

45. Amandelmadeleines

INGREDIËNTEN:
- 2 eieren, gescheiden
- ⅔ kopje suiker
- 3 ons zoete boter, verzacht (niet gesmolten)
- 2 eetlepels geroosterde amandelolie
- 1 kopje bloem voor alle doeleinden, gezeefd
- 1 theelepel bakpoeder
- ½ kopje Gemalen geroosterde amandelen

INSTRUCTIES:

a) Verwarm uw oven voor op 400 graden Fahrenheit (200 graden Celsius). Boter en bloem Madeleinevormpjes om plakken te voorkomen.

b) Meng in een mengkom de zachte zoete boter met de geroosterde amandelolie.

c) Klop in een aparte kom de eierdooiers en de suiker tot alles goed gemengd is. Roer vervolgens het mengsel van boter en amandelolie erdoor.

d) Meng in een andere kom het bakpoeder met gezeefd bloem voor alle doeleinden en voeg het geleidelijk toe aan de natte ingrediënten, al roerend tot het beslag glad is.

e) Klop in een aparte, schone kom de eiwitten tot er stijve pieken ontstaan. Spatel de losgeklopte eiwitten voorzichtig door het beslag.

f) Voeg ten slotte de gemalen geroosterde amandelen toe aan het beslag en meng tot het gelijkmatig verdeeld is.

g) Vul elke Madeleine-vorm met een lepel met een flinke lepel beslag en vul elke vorm ongeveer halverwege.

h) Bak de Madeleines in de voorverwarmde oven gedurende 10-15 minuten of tot ze goudbruin kleuren.

i) Eenmaal gebakken, haal je de Madeleines uit de oven en laat ze iets afkoelen in de vormpjes voordat je ze op een rooster legt om volledig af te koelen.

j) Geniet van deze heerlijke amandelmadeleines als heerlijke traktatie voor elke gelegenheid!

46. Hazelnoot Madeleine Koekjes

INGREDIËNTEN:

- ½ kopje Hele hazelnoten (hazelnoten), geroosterd
- 1 ¼ kopje banketbakkerssuiker, plus meer voor het afstoffen van de pan
- ¼ pond ongezouten boter, plus meer voor het invetten van de pan
- 5 eetlepels bloem voor alle doeleinden, plus meer om de pan te bestuiven
- 1 snufje zout
- 4 grote eiwitten
- ¼ theelepel puur vanille-extract

INSTRUCTIES:

a) Verwarm uw oven voor op 325 graden Fahrenheit (160 graden Celsius).

b) Smelt de ongezouten boter in een kleine pan op middelhoog vuur tot deze licht amberkleurig wordt, waardoor een heerlijk gebruinde boter ontstaat.

c) Bestrijk de madeleinevorm met een deel van de gesmolten boter en bestuif deze lichtjes met bloem, zodat er een gelijkmatige laag ontstaat om plakken te voorkomen.

d) Doe de geroosterde hazelnoten en 1 eetlepel banketbakkerssuiker in de kom van een keukenmachine met een stalen mes. Verwerk het mengsel totdat de hazelnoten fijngemalen zijn en op bloem lijken.

e) Meng in een middelgrote kom het hazelnootmeelmengsel met 1 kopje plus 3 eetlepels banketbakkerssuiker, bloem voor alle doeleinden en een snufje zout.

f) Voeg het eiwit en het pure vanille-extract toe aan de droge ingrediënten en klop alles goed door elkaar.

g) Giet de gesmolten, gebruinde boter bij het mengsel en blijf kloppen tot de boter volledig is opgenomen.

h) Vul de madeleinevormpjes met een eetlepel gelijkmatig, tot ongeveer driekwart.

i) Plaats de gevulde madeleinevorm in de voorverwarmde oven en bak gedurende 14 tot 18 minuten, of totdat de koekjes goudbruin zijn en stevig aanvoelen.

j) Laat de koekjes na het bakken 2 minuten afkoelen in de pan, haal ze vervolgens voorzichtig uit de vormpjes en leg ze op een rooster om volledig af te koelen, met de geribbelde kant naar boven.

k) Eenmaal afgekoeld bestuif je de Madeleine-koekjes met banketbakkerssuiker voor een extra vleugje zoetheid en presentatie.

l) Geniet van deze heerlijke Madeleinekoekjes met hun nootachtige hazelnootsmaak en zachte textuur. Ze vormen een perfecte aanvulling op uw afternoon tea of koffie. Bewaar eventuele restjes in een luchtdichte verpakking om de versheid te behouden.

47. Bruine boter en amandelmadeleines

INGREDIËNTEN:
- 110 g boter
- 2 grote eieren
- 90 g kristalsuiker
- 1 theelepel vanille-essence
- ½ theelepel kaneel
- 80 g taartmeel
- 10 g gemalen amandelen
- 1 theelepel bakpoeder
- ½ theelepel zout
- 1 eetlepel honing

INSTRUCTIES:
a) Begin met het bruinen van de boter. Doe de boter in een pan en smelt op middelhoog vuur. Ga door met koken totdat de boter schuimt en rijk goudbruin kleurt, waardoor een nootachtig en karamelaroma vrijkomt. Haal van het vuur en zeef, gooi de vaste stoffen weg. Roer de honing door de gebruinde boter en zet opzij om iets af te koelen.
b) Gebruik een elektrische mixer in een kom om de eieren, suiker en vanille-essence op hoge snelheid te kloppen tot het dik en bleek is. Het beslag moet een lintachtig spoor achterlaten wanneer het van de klopper valt (het lintstadium bereikt).
c) Zeef het taartmeel, bakpoeder, gemalen amandelen, kaneel en zout in een andere kom. Meng de droge ingrediënten voorzichtig met de hand door het ei-suikermengsel.
d) Spatel voorzichtig de gebruinde boter en honing erdoor tot ze net zijn opgenomen.
e) Bedek de kom met huishoudfolie en zet het beslag minimaal twee uur, bij voorkeur een hele nacht, in de koelkast. Deze ruststap is cruciaal om de kenmerkende bult van madeleines te bereiken.
f) Verwarm de oven voor op 190 graden Celsius (375 graden Fahrenheit). Bestrijk de madeleinevormpjes met gesmolten boter en bestuif ze met bloem, zodat de hele vorm ermee bedekt is. Tik overtollig meel eruit.
g) Schep het beslag in de madeleinevormpjes en vul ze tot tweederde van de zijkanten.
h) Bak ongeveer 10 minuten, of tot de madeleines bruin beginnen te worden aan de randen en terugveren als ze lichtjes in het midden worden getikt.
i) Eenmaal uit de vormpjes kun je van de madeleines genieten zoals ze zijn, of een kwastje honing of een dipje in chocolade toevoegen voor extra verwennerij.
j) Deze Madeleines met bruine boter en amandel zijn een heerlijke traktatie en combineren de klassieke Franse charme met de rijke, nootachtige smaken van gebruinde boter en gemalen amandelen. Geniet ervan met een kopje thee of koffie en ervaar de vreugde van deze delicate en heerlijke koekjes (of taarts!).

48. Walnoot Madeleines

INGREDIËNTEN:
- 2 grote eieren
- 1/2 kopje kristalsuiker
- 1 kopje bloem voor alle doeleinden
- 1/2 kopje ongezouten boter, gesmolten en afgekoeld
- 1/4 kop fijngehakte walnoten
- 1/2 theelepel vanille-extract
- 1/2 theelepel bakpoeder
- 1/4 theelepel zout

INSTRUCTIES:
a) Verwarm uw oven voor op 350 ° F (180 ° C). Vet je madeleinevorm in en bebloem hem.
b) Klop in een mengkom de eieren en de kristalsuiker tot het mengsel bleek en dik is.
c) Meng in een aparte kom de bloem, gehakte walnoten, bakpoeder, zout en vanille-extract.
d) Spatel de droge ingrediënten voorzichtig door het eimengsel.
e) Voeg de gesmolten boter toe en meng tot alles goed gemengd is.
f) Schep het beslag in de voorbereide madeleinevorm en vul elke vorm voor ongeveer 2/3 vol.
g) Bak gedurende 10-12 minuten of tot de madeleines goudbruin zijn en een bult hebben.
h) Haal ze uit de oven en laat ze een paar minuten afkoelen in de pan voordat je ze op een rooster legt.

49. Pistache Madeleines

INGREDIËNTEN:

- 2 grote eieren
- 1/2 kopje kristalsuiker
- 1 kopje bloem voor alle doeleinden
- 1/2 kopje ongezouten boter, gesmolten en afgekoeld
- 1/4 kopje fijngemalen pistachenoten
- 1/2 theelepel amandelextract
- 1/2 theelepel bakpoeder
- 1/4 theelepel zout

INSTRUCTIES:

a) Verwarm uw oven voor op 350 ° F (180 ° C). Vet je madeleinevorm in en bebloem hem.
b) Klop in een mengkom de eieren en de kristalsuiker tot het mengsel bleek en dik is.
c) Meng in een aparte kom de bloem, gemalen pistachenoten, bakpoeder, zout en amandelextract.
d) Spatel de droge ingrediënten voorzichtig door het eimengsel.
e) Voeg de gesmolten boter toe en meng tot alles goed gemengd is.
f) Schep het beslag in de voorbereide madeleinevorm en vul elke vorm voor ongeveer 2/3 vol.
g) Bak gedurende 10-12 minuten of tot de madeleines goudbruin zijn en een bult hebben.
h) Haal ze uit de oven en laat ze een paar minuten afkoelen in de pan voordat je ze op een rooster legt.

50. Madeleines met pecannoten en esdoorn

INGREDIËNTEN:
- 100 g pecannoten
- 100 g ongezouten boter
- 5 druppels esdoornextract
- 100 g kristalsuiker
- 2 eieren
- 100 g gewone bloem, gezeefd
- ½ theelepel bakpoeder

VOOR DECORATIE:
- 100 g 54% pure chocolade, in kleine stukjes gebroken
- 50 g witte chocolade, in kleine stukjes gebroken

INSTRUCTIES:
a) Verwarm de oven voor op 190°C/170°C heteluchtcht/375°F/gasstand 5. Plaats het ingevette madeleineblikje in de vriezer.
b) Leg de pecannoten op een kleine bakplaat en rooster ze 5 minuten tot ze geroosterd zijn.
c) Laat ze afkoelen, zet de helft opzij voor decoratie en hak de overige pecannoten fijn. (Houd de oven aan.)
d) Smelt de boter in een pan op hoog vuur tot hij bruin begint te worden. Haal de pan van het vuur en giet de boter in een hittebestendige kan. Voeg het esdoornextract toe en laat het afkoelen.
e) Doe de suiker en de eieren in de kom van een keukenmixer voorzien van de garde. Klop op volle snelheid gedurende 4-5 minuten tot het mengsel dik genoeg is om een lintspoor achter te laten als u de garde optilt.
f) Zeef de bloem en het bakpoeder samen en giet het mengsel voorzichtig langs de zijkant van de kom met het losgeklopte eimengsel. (Dit verdient de voorkeur boven het rechtstreeks in de eieren zeven, omdat het mengsel hierdoor kan leeglopen.)
g) Giet de afgekoelde gesmolten boter op dezelfde manier langs de andere kant van de kom. Meng vervolgens de bloem en de boter erdoor tot je een glad, licht beslag hebt. Spatel de gehakte pecannoten er voorzichtig door tot ze gelijkmatig verdeeld zijn en laat het beslag 20 minuten rusten.
h) Haal het madeleineblik uit de vriezer. Schep 1 eetlepel beslag in elke vorm in de bakvorm (gebruik slechts de helft van het beslag).

Bak de madeleines 8-10 minuten tot de randen net bruin beginnen te worden. Haal de madeleines onmiddellijk uit de vorm en leg ze met de geribbelde kant naar boven op een rooster om af te koelen.

i) Maak het madeleineblik schoon en vet het opnieuw in met boter. Zet het 10 minuten in de vriezer. Herhaal het bakproces met het resterende beslag.

j) Smelt ter decoratie de pure chocolade in een kom die boven een pan met zacht kokend bevochtigen staat en roer af en toe tot een gladde massa.

k) Smelt de witte chocolade in een kom die boven een pan met zacht kokend bevochtigen staat en roer af en toe tot een gladde massa. Schep de gesmolten witte chocolade in de spuitzak met het gladde spuitmondje.

l) Giet de pure chocolade in een espressokopje of schaaltje en doop vervolgens het vierkante uiteinde van elke madeleine in de chocolade, zodat een derde van het biscuitdeeg bedekt is. Leg elke madeleine onderweg terug op het rooster.

m) Spuit de witte chocolade in 3 lijntjes over de pure chocolade. Gebruik een cocktailprikker en sleep de lijnen eerst de ene kant op, en dan de andere kant op, om een verenpatroon te creëren.

n) Hak de resterende 50 g geroosterde pecannoten grof en strooi ze over het vierkante uiteinde van elke madeleine.

o) Zet de madeleines 5 minuten in de koelkast, zodat de decoratie kan opstijven voordat u deze serveert.

51. Macadamianoot Madeleines

INGREDIËNTEN:
- 2 grote eieren
- 1/2 kopje kristalsuiker
- 1 kopje bloem voor alle doeleinden
- 1/2 kopje ongezouten boter, gesmolten en afgekoeld
- 1/4 kop fijngehakte macadamianoten
- 1/2 theelepel amandelextract
- 1/2 theelepel bakpoeder
- 1/4 theelepel zout

INSTRUCTIES:
a) Verwarm uw oven voor op 350 ° F (180 ° C). Vet je madeleinevorm in en bebloem hem.
b) Klop in een mengkom de eieren en de kristalsuiker tot het mengsel bleek en dik is.
c) Meng in een aparte kom de bloem, gehakte macadamianoten, bakpoeder, zout en amandelextract.
d) Spatel de droge ingrediënten voorzichtig door het eimengsel.
e) Voeg de gesmolten boter toe en meng tot alles goed gemengd is.
f) Schep het beslag in de voorbereide madeleinevorm en vul elke vorm voor ongeveer 2/3 vol.
g) Bak gedurende 10-12 minuten of tot de madeleines goudbruin zijn en een bult hebben.
h) Haal ze uit de oven en laat ze een paar minuten afkoelen in de pan voordat je ze op een rooster legt.

52. Cashew Madeleine

INGREDIËNTEN:
- 2 grote eieren
- 1/2 kopje kristalsuiker
- 1 kopje bloem voor alle doeleinden
- 1/2 kopje ongezouten boter, gesmolten en afgekoeld
- 1/4 kop fijngehakte cashewnoten
- 1/2 theelepel vanille-extract
- 1/2 theelepel bakpoeder
- 1/4 theelepel zout

INSTRUCTIES:
a) Verwarm uw oven voor op 350 ° F (180 ° C). Vet je madeleinevorm in en bebloem hem.
b) Klop in een mengkom de eieren en de kristalsuiker tot het mengsel bleek en dik is.
c) Meng in een aparte kom de bloem, gehakte cashewnoten, bakpoeder, zout en vanille-extract.
d) Spatel de droge ingrediënten voorzichtig door het eimengsel.
e) Voeg de gesmolten boter toe en meng tot alles goed gemengd is.
f) Schep het beslag in de voorbereide madeleinevorm en vul elke vorm voor ongeveer 2/3 vol.
g) Bak gedurende 10-12 minuten of tot de madeleines goudbruin zijn en een bult hebben.
h) Haal ze uit de oven en laat ze een paar minuten afkoelen in de pan voordat je ze op een rooster legt.

53. Madeleines van walnoot en honing

INGREDIËNTEN:
- 2 grote eieren
- 1/2 kopje kristalsuiker
- 1 kopje bloem voor alle doeleinden
- 1/2 kopje ongezouten boter, gesmolten en afgekoeld
- 1/4 kopje fijngehakte walnoten
- 2 eetlepels honing
- 1/2 theelepel vanille-extract
- 1/2 theelepel bakpoeder
- 1/4 theelepel zout

INSTRUCTIES:
a) Verwarm de oven voor op 180 °C. Vet de madeleinevormpjes in en bebloem ze.
b) Klop in een mengkom de eieren en de kristalsuiker tot ze bleek en romig worden.
c) Meng in een aparte kom de bloem, gehakte walnoten, bakpoeder, zout, honing en vanille-extract.
d) Spatel de droge ingrediënten voorzichtig door het eimengsel.
e) Voeg de gesmolten boter toe en meng tot alles goed gemengd is.
f) Schep het beslag in de voorbereide madeleinevorm en vul elke vorm voor ongeveer 2/3 vol.
g) Bak gedurende 10-12 minuten of tot de madeleines goudbruin zijn en een bult hebben.
h) Laat ze een paar minuten afkoelen in de pan voordat je ze op een rooster legt.

54. Madeleines met pindakaaschocoladechips

INGREDIËNTEN:
- 2 grote eieren
- 1/2 kopje kristalsuiker
- 1 kopje bloem voor alle doeleinden
- 1/2 kopje ongezouten boter, gesmolten en afgekoeld
- 1/4 kop romige pindakaas
- 1/4 kop chocoladestukjes
- 1/2 theelepel bakpoeder
- 1/4 theelepel zout

INSTRUCTIES:
a) Verwarm uw oven voor op 350 ° F (180 ° C). Vet je madeleinevorm in en bebloem hem.
b) Klop in een mengkom de eieren en de kristalsuiker tot het mengsel bleek en dik is.
c) Meng in een aparte kom de bloem, het bakpoeder en het zout.
d) Spatel de droge ingrediënten voorzichtig door het eimengsel.
e) Voeg de gesmolten boter en pindakaas toe. Meng tot alles goed gemengd is.
f) Roer de chocoladestukjes door het beslag.
g) Schep het beslag in de voorbereide madeleinevorm en vul elke vorm voor ongeveer 2/3 vol.
h) Bak gedurende 10-12 minuten of tot de madeleines goudbruin zijn en een bult hebben.
i) Haal ze uit de oven en laat ze een paar minuten afkoelen in de pan voordat je ze op een rooster legt.

MAÏS MADELEINES

55. Blauwe maïsmadeleines

INGREDIËNTEN:
- 1 kopje bloem voor alle doeleinden
- 1 kopje blauwe maïsmeel
- ¼ kopje suiker
- 1 eetlepel bakpoeder
- ½ theelepel zuiveringszout
- 1 theelepel zout
- 1 ei
- ¼ kopje Gesmolten boter, afgekoeld
- 1 ½ kopjes karnemelk

INSTRUCTIES:

a) Verwarm de oven voor op 375 graden Fahrenheit (190 graden Celsius). Vet de madeleinevormpjes in met bakkersspray of wrijf ze in met zachte boter. Als je niet genoeg madeleinevormpjes hebt, kun je ze ook in twee batches bakken of gewone muffinvormpjes gebruiken.

b) Zeef in een mengkom het bloem voor alle doeleinden, het blauwe maïsmeel, de suiker, het bakpoeder, het bakpoeder en het zout.

c) Klop het ei in een aparte kom en voeg vervolgens de afgekoelde, gesmolten boter en karnemelk toe. Meng goed tot het gecombineerd is.

d) Giet de natte ingrediënten over de droge ingrediënten en meng tot er geen droge plekken meer zijn, maar vermijd overmatig mengen. Een paar klontjes zijn acceptabel.

e) Vul elke madeleinevorm of muffinvorm voor ongeveer driekwart met het beslag.

f) Bak in de voorverwarmde oven gedurende ongeveer 12-15 minuten of totdat een tandenstoker die je in het midden steekt er schoon uitkomt.

g) Haal de madeleines na het bakken uit de oven en laat ze een paar minuten in de vormpjes afkoelen voordat je ze op een rooster legt om volledig af te koelen.

h) Geniet van deze heerlijke Blue Corn Madeleines, die de heerlijke smaken en veelzijdigheid van blauw maïsmeel laten zien! Of je ze nu als madeleines of als gewone muffins eet, ze zullen zeker een publiekstrekker zijn.

56. Snoep maisgestreepte Madeleines

INGREDIËNTEN:
- 2 grote eieren
- ½ kopje kristalsuiker
- 1 theelepel vanille-extract
- ½ theelepel amandelextract (optioneel)
- 1 kopje bloem voor alle doeleinden
- ½ theelepel bakpoeder
- Snufje zout
- Gele en oranje kleurstof voor levensmiddelen (gel of vloeistof)
- 8 eetlepels (1 stokje) ongezouten boter, gesmolten en afgekoeld
- Snoep-maïs-snoepjes, voor decoratie (optioneel)

INSTRUCTIES:
a) Klop in een mengkom de eieren en de suiker samen tot ze goed gemengd zijn. Roer het vanille-extract en het amandelextract erdoor (indien gebruikt).
b) Meng in een aparte kom de bloem, het bakpoeder en een snufje zout.
c) Voeg geleidelijk de droge ingrediënten toe aan de natte ingrediënten en meng tot alles net gemengd is.
d) Verdeel het beslag gelijkmatig over twee aparte kommen.
e) Voeg in een kom een paar druppels gele kleurstof toe en meng tot het beslag een felgele kleur krijgt.
f) Voeg in de andere kom een paar druppels oranje kleurstof toe en meng tot het beslag een levendige oranje kleur krijgt.
g) Bedek elke kom met plasticfolie en zet het beslag minimaal 30 minuten in de koelkast om op te stijven.
h) Verwarm uw oven voor op 190°C. Vet een madeleinevorm in en bebloem hem.
i) Neem een theelepel geel beslag en doe dit in het midden van elke madeleinevorm. Neem vervolgens een theelepel oranje beslag en laat dit op het gele beslag vallen, waardoor een tweekleurig effect ontstaat.
j) Bak de madeleines gedurende 10-12 minuten of tot de randen goudbruin zijn en de kernen terugveren als ze lichtjes worden ingedrukt.
k) Haal de madeleines uit de oven en laat ze een paar minuten in de pan afkoelen voordat je ze op een rooster legt om volledig af te koelen.
l) Voor een optionele finishing touch kun je op elke madeleine een stukje Snoep maisleggen terwijl ze nog warm en een beetje zacht zijn.

57. Maisbrood Madeleines

INGREDIËNTEN:

- 1 kopje gele maïsmeel, bruin in de oven
- ½ kopje bloem voor alle doeleinden
- 1 theelepel bakpoeder
- ½ theelepel zuiveringszout
- ¾ theelepel zout
- 4 eetlepels suiker
- 1 kopje karnemelk
- 1 ei, geslagen
- 2 eetlepels Gesmolten boter of margarine
- 1 middelgrote Jalapenopeper, zonder zaadjes en fijngehakt

INSTRUCTIES:
a) Verwarm de oven voor op 175 °C en vet de madeleinevormpjes of kleine muffinvormpjes in.
b) Bak het gele maïsmeel in de oven bruin tot het een licht geroosterde kleur krijgt. Laat het afkoelen voordat je het in het recept gebruikt.
c) Meng in een keukenmachine ½ kopje bloem, bakpoeder, zuiveringszout, zout, suiker en het gekoelde, geroosterde maïsmeel. Verwerk het mengsel totdat alles goed gemengd is, wat ongeveer 3-5 seconden duurt.
d) Voeg de karnemelk, het losgeklopte ei en de gesmolten boter toe aan de droge ingrediënten in de keukenmachine. Verwerk het mengsel totdat je een glad beslag krijgt.
e) Roer de fijngehakte jalapenopeper erdoor om een pittige kick aan de maisbroodmadeleines te geven.
f) Vul elke ingevette madeleinevorm of kleine muffinvorm voor ongeveer tweederde met het maisbroodbeslag.
g) Bak de madeleines in de voorverwarmde oven gedurende ongeveer 15-20 minuten, of totdat ze goudbruin zijn en een tandenstoker die je in het midden steekt er schoon uitkomt.
h) Laat de maisbroodmadeleines afkoelen in de pan voordat je ze eruit haalt.
i) Geniet van deze heerlijke Cornbread Madeleines met hun subtiele zoetheid en een vleugje kruidigheid van de jalapenopeper. Ze zijn perfect als bijgerecht of als hartig tussendoortje. Serveer ze warm met boter, honing of je favoriete spread voor een extra heerlijke traktatie. Bewaar eventuele restjes in een luchtdichte verpakking om de versheid te behouden.

CHOCOLADE MADELEINES

58. Chocolade Madeleine-ijssandwiches

INGREDIËNTEN:
- ½ kopje suiker
- ½ kopje cacaopoeder
- ½ kopje bloem voor alle doeleinden
- 1 theelepel bakpoeder
- Snufje zout
- 4 eetlepels Boter
- 1 theelepel vanille-extract
- 1 pint ijs naar keuze

INSTRUCTIES:

a) Verwarm je oven voor op 435 graden Fahrenheit (223 graden Celsius). Beboter de madeleinevormpjes of gebruik een antiaanbaklaag om plakken te voorkomen.

b) Klop in een mengkom de eierdooiers en de suiker samen tot ze goed gemengd zijn.

c) Voeg cacaopoeder toe aan het eimengsel en roer tot het volledig is opgenomen.

d) Meng in een aparte kom de bloem, het bakpoeder en een snufje zout.

e) Voeg de droge ingrediënten toe aan het eimengsel en roer tot je een glad beslag hebt.

f) Smelt de boter en voeg deze samen met het vanille-extract toe aan het beslag en meng tot alles goed gemengd is.

g) Klop in een andere schone kom de eiwitten tot stijve pieken.

h) Spatel de losgeklopte eiwitten voorzichtig door het beslag en zorg ervoor dat ze volledig zijn opgenomen.

i) Vul elke beboterde madeleinevorm ongeveer ⅔ vol met het beslag.

j) Bak de madeleines in de voorverwarmde oven gedurende ongeveer 10 minuten of tot ze stevig aanvoelen.

k) Eenmaal gebakken, haal je de madeleines uit de oven en laat je ze afkoelen.

l) Zodra de madeleines zijn afgekoeld, bereidt u het ijs door het in een aparte kom te scheppen, zodat u er gemakkelijker mee kunt werken.

m) Neem twee madeleines en plaats er een bolletje ijs op.

n) Druk de andere madeleine er voorzichtig op en er ontstaat een heerlijke ijssandwich.

o) Verpak de ijssandwiches eventueel in plasticfolie of bakpapier en plaats ze in de vriezer om op te stijven voordat u ze serveert.

p) Geniet van uw heerlijke chocolade Madeleine-ijssandwiches voor een heerlijke en verfrissende traktatie! Experimenteer gerust met verschillende ijssmaken, afhankelijk van uw voorkeuren.

59. Chocolade madeleines

INGREDIËNTEN:
- 2 eieren
- ½ kopje suiker
- 1 theelepel geraspte citroenschil OF 2 theelepels geraspte sinaasappelschil
- 1 theelepel vanille-extract
- ¼ theelepel zout
- ⅔ kopje Bloem voor alle doeleinden
- ⅓ kopje ongezoete cacao
- 8 eetlepels boter, gesmolten en licht gekoeld
- 4 eetlepels boter, zacht (voor het invetten van de madeleinevormpjes)

INSTRUCTIES:

a) Verwarm uw oven voor op 200°C. Vet de madeleinevormen in met ongeveer ½ theelepel zachte boter, zodat ze volledig bedekt zijn zonder vlekken achter te laten.

b) Meng in een grote mengkom de eieren, de suiker en de geraspte citroenschil of de geraspte sinaasappelschil, wat je maar wilt. Roer het mengsel door elkaar.

c) Plaats de mengkom in een pan met kokend bevochtigen (dubbele boiler) en roer tot het eimengsel erg warm aanvoelt.

d) Haal de kom van het vuur en klop het warme eimengsel met een mixer op hoge snelheid tot het licht en luchtig wordt.

e) Voeg het vanille-extract en het zout toe aan het losgeklopte eimengsel en blijf kloppen tot het goed is opgenomen.

f) Zeef de bloem en de ongezoete cacao over het eimengsel. Meng de droge ingrediënten voorzichtig door het natte mengsel tot ze volledig gemengd zijn, en zorg ervoor dat u niet te veel mengt.

g) Giet geleidelijk de gesmolten boter bij het beslag en roer voorzichtig, zodat een glad en goed gemengd chocolademadeleinebeslag ontstaat.

h) Bedek de kom met plasticfolie en zet het beslag minimaal 1 uur in de koelkast, of totdat het iets steviger wordt.

i) Zodra het beslag is afgekoeld, verwarm je de oven opnieuw voor op 200 °C.

j) Schep het chocolademadeleinebeslag in elke voorbereide madeleinevorm en vul ze voor ongeveer tweederde vol.

k) Bak de madeleines in de voorverwarmde oven gedurende ongeveer 10-12 minuten, of totdat de randen van de madeleines lichtbruin zijn en het midden opgezwollen is.

l) Haal de madeleines uit de oven en laat ze een paar minuten afkoelen in de vormpjes.

m) Haal de madeleines voorzichtig uit de vormpjes en plaats ze op een rooster om volledig af te koelen.

n) Geniet van deze heerlijke Chocolade Madeleines bij een kopje thee of koffie voor een heerlijke traktatie! Hun rijke cacaosmaak en delicate textuur maken ze tot een perfecte verwennerij voor elke gelegenheid. Bewaar eventuele restjes in een luchtdichte verpakking om de versheid te behouden.

60. Chocolade-Gember Madeleines

INGREDIËNTEN:
- 2 ½ theelepel Gemalen gember
- 2 theelepels Gemalen kaneel
- 1 theelepel Gemalen nootmuskaat
- ¾ theelepel gemalen kruidnagel
- ¾ theelepel Gemalen kardemom
- 2 eetlepels Ongezoet cacaopoeder, gezeefd of gezeefd
- 1 snufje zout
- ¾ kopje ongezouten boter
- 3 ½ ounce halfzoete chocolade
- ¼ kopje bruine suiker
- ½ kopje witte suiker
- 5 grote eieren, lichtgeklopt
- 1 ½ kopjes bloem voor alle doeleinden, gezeefd

INSTRUCTIES:

a) Meng in een mengkom de gemalen gember, gemalen kaneel, gemalen nootmuskaat, gemalen kruidnagel, gemalen kardemom en gezeefd ongezoet cacaopoeder. Zet dit kruidenmengsel opzij.

b) Verwarm de oven voor op 175 °C en vet de madeleinevormpjes in om plakken te voorkomen.

c) Smelt de ongezouten boter en de halfzoete chocolade in een pan op laag vuur. Haal de pan van het vuur en roer de bruine suiker en de witte suiker erdoor tot alles goed gemengd is. Voeg het kruidenmengsel toe aan het chocolademengsel en roer tot alles gelijkmatig is opgenomen.

d) Klop de eieren in een aparte kom goed los en voeg ze vervolgens toe aan het chocolade-kruidenmengsel, zodat een glad beslag ontstaat.

e) Voeg geleidelijk 1 kopje gezeefde bloem voor alle doeleinden toe aan het beslag en meng het goed. Voeg vervolgens de resterende ½ kopje gezeefde bloem voor alle doeleinden toe en blijf mixen tot het beslag glad is.

f) Vul elke ingevette madeleinevorm met een flinke eetlepel beslag.

g) Zodra alle vormpjes gevuld zijn, tik je een of twee keer zachtjes met de pan op het aanrecht om luchtbellen te verwijderen en het beslag gelijkmatig te verdelen. Gebruik indien nodig vochtige vingers om het beslag in de vormen plat te maken.

h) Bak de madeleines in de voorverwarmde oven gedurende ongeveer 10 tot 12 minuten of tot de middelste test is voltooid (een ingestoken tandenstoker moet er schoon uitkomen).

i) Haal de madeleines na het bakken uit de oven en laat ze een paar minuten in de vormpjes afkoelen voordat je ze op een rooster legt om volledig af te koelen.

j) Geniet van de heerlijke mix van chocolade en kruiden met deze Chocolade-Gember Madeleines! Deze kleine, zachte taartjes zijn een heerlijke traktatie bij de thee of koffie of gewoon om van te genieten als heerlijk tussendoortje. Bewaar eventuele restjes in een luchtdichte verpakking om ze vers te houden.

61. Chocoladebrownie Madeleines

INGREDIËNTEN:
- 1 ei
- ¼ kopje suiker
- 1 theelepel vanille
- ¼ theelepel muntextract (optioneel)
- ⅓ kopje bloem voor alle doeleinden
- 2 eetlepels cacaopoeder
- ¼ theelepel bakpoeder
- ¼ kopje halfzoete chocoladestukjes
- ¼ kopje boter + ½ eetlepel voor de pan

GANACHE:
- 2 eetlepels room
- 2 eetlepels chocoladestukjes
- Optionele garnering

INSTRUCTIES:

a) Klop met een garde het ei en de suiker gedurende 8 minuten op de hoogste stand. Het mengsel wordt bleek en dikker terwijl het klopt. Na 8 minuten het extract(en) erdoor kloppen tot het is opgenomen.

b) Klop in een aparte kom de bloem, cacao en bakpoeder samen. Spatel de helft van het bloemmengsel voorzichtig door het eimengsel. Als dat grotendeels is gecombineerd, vouw dan voorzichtig het resterende bloemmengsel erdoor om het leeglopen te minimaliseren.

c) Verwarm of magnetron de 4 eetlepels boter en chocoladestukjes in uitbarstingen van 10-20 seconden, roer tussendoor, tot ze gesmolten maar niet heet zijn. Roer ongeveer ¼ kopje beslag door de gesmolten boter en meng tot alles goed gemengd is (dit loopt leeg). Giet het botermengsel bij het resterende beslag en roer voorzichtig tot het gemengd is, zodat het zo min mogelijk leegloopt. Maak je geen zorgen als de zijkanten van de pan nog steeds een beetje chocoladeachtig zijn.

d) Dek het beslag af en zet het 30-60 minuten in de koelkast (of ongeveer 5 minuten in de vriezer). Een langere koeltijd kan ervoor zorgen dat de boter stolt, wat resulteert in minder luchtige madeleines.

e) Verwarm uw oven voor op 175°C. Smelt de resterende ½ eetlepel boter en bestrijk de madeleinepan er lichtjes mee, ook als je een pan met antiaanbaklaag hebt. Hierdoor ontstaat een knapperiger, "gebruind boter" uiterlijk.

f) Haal het beslag uit de koelkast. Schep voorzichtig een ronde eetlepel beslag in het midden van elk putje. Er zou genoeg moeten zijn voor alle 12 putjes, en het beslag zal zich tijdens het koken verspreiden.

g) Bak de madeleines gedurende 10-12 minuten; draai de pan halverwege als de oven ongelijkmatig opwarmt. De madeleines zijn gaar als de bovenkant terugveert nadat je er lichtjes met je vinger op hebt gedrukt. Laat het kort afkoelen en draai de pan dan om op het aanrecht. Leg de warme madeleines op een rooster om licht af te koelen (als u ze op een bord legt, kunnen ze gaan plakken).

h) Om de ganache te bereiden, zet je de room en de chocoladestukjes in de magnetron in uitbarstingen van 10-20 seconden, terwijl je tussendoor roert, tot ze gesmolten en "kwastbaar" zijn. Strijk de ganache lichtjes over de madeleines in de lengte (in de richting van de ribbels) voor het mooiste effect. Verwarm de ganache kort als deze te dik wordt om te kunnen bestrijken. Bestrooi desgewenst het ene uiteinde van elke madeleine met pepermuntsnoepjes, muskusschelpen of chocoladejimmies.

62. Madeleines van donkere chocolade

INGREDIËNTEN:
- 1 kop gewone bloem voor alle doeleinden (schep en afgestreken)
- 1 theelepel bakpoeder
- 2 eetlepels Nederlands cacaopoeder + ½ eetlepel
- ½ theelepel oploskoffie in poedervorm
- 3 grote eieren, op kamertemperatuur
- ⅔ kopje gouden of witte kristalsuiker
- 110 g ongezouten boter, gesmolten en afgekoeld + 1 gesmolten eetlepel
- 100 g puur pure chocoladeblok, gesmolten en 10 minuten gekoeld

INSTRUCTIES:

a)   Zorg er eerst voor dat de boter en chocolade gesmolten zijn en zet ze opzij om iets af te koelen. Ze mogen niet heet zijn, alleen warm als je ze toevoegt in stap 6.

b)   Meng bloem, bakpoeder, cacao en koffie in een kleine mengkom. Klop tot alles goed gemengd is. Opzij zetten.

c)   Voeg in een grote mengkom eieren en suiker op kamertemperatuur toe. Gebruik een garde (geen elektrische garde) en klop krachtig gedurende 2 minuten tot het mengsel bleek en dik is.

d)   Voeg de helft van het bloem/cacaomengsel toe aan de losgeklopte eieren. Vouw voorzichtig met een spatel tot het net gemengd is.

e)   Voeg het resterende bloem/cacaomengsel toe en roer totdat het is opgenomen en er geen klontjes bloem meer zijn. Pas op dat u niet te veel mengt, want u wilt niet dat de geklopte eieren leeglopen en lucht verliezen.

f)   Giet de afgekoelde gesmolten boter en gesmolten chocolade erbij. Vouw voorzichtig en meng tot het is opgenomen, zorg ervoor dat u niet te veel mengt. Het beslag zal dik en fudgy zijn.

g)   Dek de kom af met plasticfolie en plaats deze in de koelkast om 30 minuten te laten afkoelen.

h)   Verwarm ondertussen de oven voor op 180ºC met ventilator (356ºC met ventilator) om op te warmen terwijl het beslag afkoelt.

i)   Om de madeleinevorm te bereiden: Neem een deegkwast en 1 eetlepel extra gesmolten boter en bestrijk een dunne laag in elke madeleinevorm. Zorg ervoor dat er geen overtollige boter in de vormen "poolt".

j) Voeg de extra ½ eetlepel cacaopoeder toe in een fijnmazige zeef of een klein gaastheebolletje. Strooi lichtjes een laag cacao in elke madeleinevorm. Tik de overtollige cacao uit in de gootsteen door de pan om te draaien en een paar keer op de zijkanten te kloppen om het overtollige poeder te verwijderen.

k) Haal het beslag uit de koelkast.

l) Schep een afgestreken eetlepel beslag in het midden van elke madeleinevorm. Als je het beslag onaangeroerd laat, verspreidt het zich tijdens het bakken in de putjes.

m) Bak gedurende 10-12 minuten of totdat de madeleines terugveren als ze lichtjes in het midden worden gedrukt en ze een kleine koepel in het midden hebben.

n) Verwijder en laat 2 minuten afkoelen in de pan. Verwijder elke madeleine voorzichtig met je handen, want ze zouden er zo uit moeten glijden. Breng het over naar een rooster om volledig af te koelen.

o) Strooi indien gewenst een beetje cacaopoeder over de madeleines terwijl ze afkoelen.

p) Om het resterende beslag te bakken, wacht je tot de madeleinepan is afgekoeld tot kamertemperatuur. Vul de vormen met het beslag en herhaal de bovenstaande methode. Het is niet nodig om de pan opnieuw in te vetten of af te stoffen, omdat er dan overtollige boter en cacao achterblijft.

q) Serveer en geniet van deze delicate Madeleines van pure chocolade, perfect als traktatie bij een kopje thee of koffie. Hun rijke, donzige textuur en chocoladeachtige goedheid maken ze tot een heerlijk Frans dessert of tussendoortje.

63. Chocolademadeleines gedoopt in pure chocolade

INGREDIËNTEN:

- 115 g boter, gesmolten en op kamertemperatuur, plus 1 eetlepel extra voor het bereiden van de madeleinespan
- 2 grote eieren, kamertemperatuur
- 100 g kristalsuiker (superfijn) of kristalsuiker
- 30 ml volle melk
- 1 theelepel vanille-extract
- 95 g gewone bloem (universeel), plus 1 theelepel extra voor het bereiden van de madeleinespan
- 22 g cacaopoeder, plus 1 theelepel extra voor het bereiden van de madeleinespan
- ½ theelepel bakpoeder
- ¼ theelepel fijn zout
- 100 g pure chocolade (70%), gehakt
- 1 theelepel ongezouten boter
- 25 g witte chocolade, geraspt (optionele decoratie)

INSTRUCTIES:

a) Klop de eieren en de suiker: Doe de eieren en de suiker in de kom van een elektrische mixer met garde en klop op medium gedurende 5 minuten tot ze bleek en dik zijn.

b) Voeg de vloeibare ingrediënten toe. Verlaag de snelheid naar laag en voeg de melk en het vanille-extract toe, meng tot alles gemengd is.

c) Zeef de droge ingrediënten door het beslag: Zeef de bloem, cacaopoeder, bakpoeder en zout in de kom. Meng op lage stand totdat er een paar bloemstrepen achterblijven.

d) Giet de gesmolten boter erbij: Haal de kom van de keukenmixer en giet langzaam de gesmolten boter erbij. Spatel voorzichtig de boter erdoor met een rubberen spatel en zorg ervoor dat je niet alle lucht eruit slaat.

e) Zet het beslag in de koelkast: Bedek het beslag met huishoudfolie en zet het 2-3 uur in de koelkast, of bij voorkeur een hele nacht.

f) Maak de Madeleine-pannen klaar en vul ze met beslag: Verwarm de oven voor op 180°C (350°F). Vet alle vormpjes van je Madeleines-pan in met de eetlepel gesmolten boter, met behulp van een bakkwast. Meng in een kleine kom de theelepel bloem en cacaopoeder. Bestuif elke vorm lichtjes met het mengsel en klop het overtollige mengsel eruit. Zet de pannen in de koelkast tot de oven op temperatuur is gekomen en je klaar bent om ze te vullen met het beslag.

g) Pannen vullen en bakken: Zodra de oven op temperatuur is, haal je het beslag uit de koelkast en de Madeleine-pan. Vul het diepste deel van elk putje met 1 afgestreken eetlepel beslag. Strijk het beslag niet bevochtigenpas. Haal de andere pan uit de koelkast en vul deze op dezelfde manier.

h) Bakken: Plaats de madeleinepannen in de oven en bak gedurende 10-12 minuten. Controleer na 8 minuten en draai de pannetjes. Ze zijn klaar als de 'bulten' zijn gerezen en ze bruin zijn aan de randen.

i) Op een rooster leggen: Haal ze uit de oven en laat ze een paar minuten afkoelen op een rooster voordat je ze uit de pannen haalt en laat afkoelen. (Tip: schud de pannen een beetje en ze moeten eruit springen. Als ze blijven plakken, ga dan met een mes langs de randen om ze los te maken.)

j) Doop in chocolade en versier: Smelt de pure chocolade in een kleine kom in de magnetron in uitbarstingen van 10 seconden. Roer af en toe totdat de chocolade gesmolten is. Voeg de boter toe en roer tot deze gesmolten is. Dompel elke madeleine in de pure chocolade en leg ze op een stuk bakpapier.

k) Strooi geraspte witte chocolade over de gesmolten chocolade. Wacht 15 minuten tot de chocolade gestold is of geniet er meteen van!

64. Madeleines van witte chocolade

INGREDIËNTEN:
- ½ kopje ongezouten boter, gesmolten
- ½ kopje ruwe rietsuiker
- 2 eieren, kamertemperatuur
- 1 theelepel vanille-extract
- 1 kopje bloem voor alle doeleinden
- ½ theelepel bakpoeder
- 4 ons (1 reep) Witte chocolade, gesmolten

INSTRUCTIES:
a) Gebruik een handmixer of staande mixer voorzien van een garde en klop de eieren en ruwe rietsuiker samen op hoge snelheid gedurende 8-10 minuten of tot het mengsel dik en zeer bleek is en linten vormt wanneer u de kloppers optilt.
b) Voeg het vanille-extract toe en klop tot alles gemengd is.
c) Meng in een kleine kom de bloem en het bakpoeder.
d) Spatel het bloemmengsel voorzichtig door het eimengsel met een spatel.
e) Spatel vervolgens de gesmolten boter voorzichtig door het beslag. Het duurt een minuut of twee voordat het volledig is opgenomen, dus blijf het voorzichtig mengen totdat het volledig is gemengd. Het beslag moet dik en glanzend zijn.
f) Dek de kom af en laat het beslag 45 minuten in de koelkast afkoelen.
g) Verwarm de oven tijdens de laatste paar minuten afkoelen voor op 350 ° F.
h) Bestrijk je madeleinepan lichtjes met 1-2 eetlepels gesmolten boter en schep vervolgens een royale eetlepel beslag in het midden van elk putje.
i) Bak gedurende 10-12 minuten of tot de madeleines lichtbruin zijn.
j) Breng over naar een rooster en laat afkoelen.
k) Om de chocolade te smelten, maakt u een dubbele boiler door een middelgrote pan gevuld met ongeveer ⅓ bevochtigen aan de kook te brengen.
l) Plaats een grote hittebestendige kom op de pan en zorg ervoor dat de bodem van de kom het bevochtigen niet raakt.
m) Voeg de gehakte witte chocolade toe aan de kom en roer zachtjes gedurende ongeveer 3 minuten tot de chocolade volledig gesmolten en glad is. Haal van het vuur en zet opzij.

n) Zodra de madeleines zijn afgekoeld, dip je ze in de gesmolten witte chocolade en geniet ervan!

VEGGIE MADELEINES

65. Aardappelmadeleines

INGREDIËNTEN:
- 1 pond roodbruine aardappelen, geschild en in blokjes van 1 inch gesneden
- ½ kopje Gebrande melk
- 6 eetlepels ongezouten boter
- 1 groot ei
- 2 teentjes knoflook, gepeld en gepureerd
- 1 ½ theelepel zout
- Versgemalen peper, naar smaak
- ⅓ kopje broodkruimels
- 1 kopje zure room
- 3 eetlepels gehakte bieslook

SPECIALE BENODIGHEDEN:
- Madeleinevorm voor 12 kopjes

INSTRUCTIES:
a) Bedek de in blokjes gesneden aardappelen in een pan met koud gezouten bevochtigen. Breng het bevochtigen aan de kook, dek de pan gedeeltelijk af en kook de aardappelen ongeveer 15 minuten, of tot ze gaar zijn.
b) Giet de gekookte aardappelen af en pureer ze met een aardappelstamper, of passeer ze door een zeef om een gladde textuur te krijgen.
c) Meng in een mengkom de aardappelpuree, hete gekookte melk, 2 eetlepels boter, ei, gepureerde knoflook, 1 theelepel zout en versgemalen peper. Meng alles tot het goed gemengd is.
d) Smelt 2 eetlepels boter in een koekenpan en bak het broodkruim tot het licht goudbruin wordt.
e) Beboter een madeleinevorm met 12 kopjes. Druk ongeveer 2 theelepels gebakken broodkruimels in elk kopje. Bevries de vorm met paneermeel gedurende 15 minuten.
f) Verwarm uw oven voor op 400 graden Fahrenheit (200 graden Celsius).
g) Doe ongeveer 3 eetlepels van het aardappelmengsel in elk madeleine kopje en druk het zachtjes aan. Smelt de resterende boter en bestrijk het aardappelmengsel in de madeleinevorm ermee.
h) Plaats de madeleinevorm op een bakplaat en bak de aardappelmadeleines ongeveer 25 minuten in de voorverwarmde oven, of tot ze opgezwollen en lichtbruin zijn.
i) Eenmaal gebakken, gebruik je de punt van een mes om elke aardappelmadeleine uit de vorm te duwen. Breng ze over naar een koelrek om af te koelen.
j) Meng in een kleine kom de zure room met de gehakte bieslook en ½ theelepel zout.
k) Serveer de Aardappelmadeleines met het mengsel van zure room en bieslook, waardoor een heerlijke hartige begeleiding ontstaat.

66. Worteltaart Madeleines

INGREDIËNTEN:
- 1 kopje bloem voor alle doeleinden
- 1 theelepel bakpoeder
- ⅛ theelepel zout
- 1 theelepel kaneelpoeder
- ¼ theelepel Nootmuskaatpoeder
- ⅓ kopje suiker
- ½ kopje amandelmelk, lauw (mogelijk heeft u extra melk nodig)
- ⅓ kopje olijfolie
- 1 theelepel vanille-extract
- ⅓ kopje stevig verpakte wortel, fijngesnipperd
- 2-3 eetlepels walnoten, fijngehakt

INSTRUCTIES:
a) Meng in een kom de bloem, bakpoeder, kaneelpoeder, nootmuskaatpoeder en zout.
b) Roer de suiker erdoor.
c) Klop in een andere kom de olijfolie, amandelmelk en vanille-extract door elkaar.
d) Spatel het bloemmengsel voorzichtig door de natte ingrediënten. Zorg ervoor dat u niet te veel mixt.
e) Als het beslag te droog aanvoelt, voeg dan nog een paar eetlepels melk toe.
f) Vouw de geraspte wortels en gehakte walnoten erdoor.
g) Dek het beslag af en zet het minimaal 2 uur tot maximaal 2 dagen in de koelkast.
h) Wanneer je klaar bent om te bakken, verwarm je de oven voor op 180°C. Vet de madeleinevormpjes in en bebloem ze. Als je een siliconenpan hebt, is er geen voorbereiding nodig.
i) Schep het beslag in de vormpjes en vul ze voor ongeveer driekwart. Het is niet nodig om het beslag bevochtigenpas te zetten.
j) Bak gedurende 12-14 minuten of tot de madeleines goudbruin zijn en de bovenkant veerkrachtig aanvoelt.
k) Leg ze op een koelrek. Laat ze volledig afkoelen voordat je ze serveert.
l) Geniet van deze heerlijke en veganistische Carrot Taart Madeleines, gespikkeld met knapperige wortels en nootachtige stukjes. Ze zijn een genot om te maken, te zien en te eten, perfect voor elk tussendoortje of dessert!

67. Geitenkaas en zongedroogde tomatenmadeleines

INGREDIËNTEN:
- 2 potten zongedroogde tomaten
- 1 kop geitenkaas (200 g).
- ½ kopje (120 ml) melk
- 3 grote eieren
- 1 ¼ kopje (150 g) bloem voor alle doeleinden
- 1 theelepel bakpoeder
- Zout peper
- 5 eetlepels (75 ml) olijfolie
- 50 g walnoten
- 12 basilicumblaadjes

INSTRUCTIES:
a) Verwarm de oven voor op 180 °C.
b) Snij de zongedroogde tomaten en de geitenkaas in kleine stukjes.
c) Verwarm de melk in een kleine pan tot deze heet is maar niet kookt.
d) Klop in een grote kom de eieren, bloem, bakpoeder, zout en peper samen.
e) Roer de olijfolie en de hete melk door het eimengsel.
f) Voeg de zongedroogde tomaten, walnoten en geitenkaas toe aan het beslag en spatel voorzichtig de basilicumblaadjes erdoor. Zorg ervoor dat u niet overmixt.
g) Giet het beslag in elke holte van een madeleinepan met anti-aanbaklaag en vul ze tot driekwart vol. Als je geen madeleinepan met anti-aanbaklaag hebt, kun je elke holte met gesmolten boter bestrijken of een kookspray gebruiken.
h) Bak de madeleines in de voorverwarmde oven gedurende 20-25 minuten of tot ze goudbruin zijn.
i) Haal de madeleines uit de pan en laat ze volledig afkoelen op een rooster voordat je ze serveert.

68. Aardbei en Ube Madeleines

INGREDIËNTEN:
- ⅔ kopje bloem voor alle doeleinden
- ½ theelepel bakpoeder
- Een snufje zout
- ½ kopje kristalsuiker
- 2 grote eieren
- 1 theelepel vanille-extract
- ¼ kopje gesmolten boter
- ¼ kopje gepureerde gekookte ube (paarse yam)
- ¼ kopje in blokjes gesneden aardbeien
- Poedersuiker om te bestuiven (optioneel)

INSTRUCTIES:
a) Verwarm uw oven voor op 175°C. Vet een madeleinevorm in en bebloem hem.
b) Meng in een middelgrote kom de bloem, het bakpoeder en het zout.
c) Klop in een aparte mengkom de suiker en de eieren tot een licht en luchtig mengsel. Roer het vanille-extract erdoor.
d) Voeg geleidelijk de droge ingrediënten toe aan het eimengsel en meng voorzichtig tot het net gemengd is.
e) Roer de gesmolten boter erdoor tot deze volledig is opgenomen.
f) Verdeel het beslag in twee gelijke delen in aparte kommen.
g) Vouw in een kom de gepureerde ube erdoor totdat het beslag paars kleurt.
h) In de andere kom vouw je voorzichtig de in blokjes gesneden aardbeien erdoor.
i) Schep het ube-beslag in de ene kant van de madeleinevormpjes en het aardbeienbeslag in de andere kant.
j) Bak de madeleines in de voorverwarmde oven gedurende ongeveer 10-12 minuten, of tot de randen licht goudbruin zijn en de bovenkant terugveert als je ze aanraakt.
k) Haal de madeleines uit de oven en laat ze een paar minuten in de pan afkoelen voordat je ze op een rooster legt om volledig af te koelen.
l) Optioneel: Bestuif de afgekoelde madeleines met poedersuiker voordat je ze serveert.

KRUIDIGE MADELEINES

69. Madeleines met suiker en specerijen

INGREDIËNTEN:
- ¼ theelepel zout
- 2 eieren
- ½ kopje suiker
- ⅔ kopje Bloem voor alle doeleinden
- 1 theelepel Gemalen kaneel
- ½ theelepel Gemalen nootmuskaat
- ¼ theelepel gemalen kruidnagel
- ¼ kopje margarine, gesmolten
- 1 theelepel vanille-extract
- Plantaardige kookspray
- 1 eetlepel Poedersuiker

INSTRUCTIES:

a) Meng het zout en de eieren in een middelgrote kom. Klop het mengsel op hoge snelheid met een mixer tot het goed gemengd is.

b) Meng in een andere kom het bloem voor alle doeleinden, gemalen kaneel, gemalen nootmuskaat en gemalen kruidnagel. Roer goed om ervoor te zorgen dat alle kruiden gelijkmatig verdeeld zijn.

c) Spatel het droge bloemmengsel geleidelijk door het eimengsel tot er een glad beslag ontstaat.

d) Voeg de gesmolten margarine en het vanille-extract toe aan het beslag en meng tot alles goed is opgenomen.

e) Verwarm uw oven voor op 375 graden Fahrenheit (190 graden Celsius).

f) Spuit een madeleinepan in met groentekookspray om aanbakken te voorkomen.

g) Schep ongeveer 1 eetlepel van het beslag in elke madeleinevorm in de voorbereide pan.

h) Bak de madeleines in de voorverwarmde oven gedurende ongeveer 10 tot 12 minuten, of tot ze licht goudbruin zijn en veerkrachtig aanvoelen.

i) Eenmaal gebakken haal je de madeleines uit de oven en laat je ze een paar minuten afkoelen in de pan.

j) Leg de madeleines voorzichtig op een rooster om volledig af te koelen.

k) Bestrooi de afgekoelde madeleines met poedersuiker voor een extra vleugje zoetheid en presentatie.

70. Peperkoek Madeleines

INGREDIËNTEN:

- 3 eetlepels ongezouten boter
- 2 eetlepels bruine suiker
- 2 eetlepels suiker (fijn, indien mogelijk)
- 1 eetlepel melasse
- 1 ei
- ½ kopje bloem voor alle doeleinden
- ¼ theelepel bakpoeder
- 1 snufje zout
- ¼ theelepel kaneel
- ¼ theelepel gember
- ⅛ theelepel piment
- ⅛ theelepel nootmuskaat
- 1 eetlepel boter (ongeveer) om de pan te bestrijken

INSTRUCTIES:

a) Smelt de boter in een kleine pan of in de magnetron in een klein schaaltje. Zet opzij om af te koelen terwijl je de rest klaarmaakt.

b) Klop de suikers, melasse en het ei door elkaar tot het mengsel bleker en een beetje dik wordt, wat een paar minuten kan duren.

c) Meng in een aparte kom de bloem, het bakpoeder, de kruiden en het zout tot alles goed gemengd is. Voeg de droge ingrediënten beetje bij beetje toe aan het eimengsel, met behulp van een spatel of mixer, tot alles goed gemengd is, maar niet te veel gemengd.

d) Voeg de gesmolten boter toe en meng voorzichtig maar niet te lang.

e) Dek de kom af en zet het beslag ongeveer een uur in de koelkast. Je kunt het ook een nacht laten staan, zodat de smaken zich beter kunnen vermengen, en het er een paar minuten voordat je het gaat gebruiken uithalen.

f) Verwarm de oven voor op 175 °C als je bijna klaar bent om te bakken. Bestrijk de madeleinevorm lichtjes met gesmolten boter.

g) Haal het gekoelde beslag uit de koelkast en maak het voorzichtig los uit de kom. Zorg ervoor dat het niet leegloopt. Schep eetlepels beslag in elke vorm van de pan zonder het uit te spreiden.

h) Zet de pan in de voorverwarmde oven en bak ongeveer 12 minuten tot de madeleines lichtbruin zijn en een klein bultje in het midden hebben.

i) Laat de madeleines een minuut afkoelen voordat u ze voorzichtig (omgekeerd) op een koelrek draait, met de patroonzijde nu naar boven. Zodra ze grotendeels zijn afgekoeld, kun je ze voorzichtig bestrooien met poedersuiker (optioneel) en ervan genieten.

j) Ze zijn het lekkerst als ze net uit de oven komen en nog steeds zachtjes warm zijn. Ze blijven een dag of twee houdbaar, maar kunnen na verloop van tijd hun scherpe rand verliezen.

71. Madeleines met Pompoenkruiden

INGREDIËNTEN:
- ½ kopje ongezouten boter, gesmolten en afgekoeld
- 1 kopje bloem voor alle doeleinden
- ½ theelepel bakpoeder
- ½ theelepel pompoentaartkruiden
- ¼ theelepel gemalen kaneel
- ¼ theelepel gemalen gember
- ⅛ theelepel gemalen kruidnagel
- ¼ theelepel zout
- 2 grote eieren
- ½ kopje kristalsuiker
- ¼ kopje verpakte lichtbruine suiker
- ½ kopje pompoenpuree uit blik
- 1 theelepel vanille-extract
- Poedersuiker, om te bestuiven (optioneel)

INSTRUCTIES:
a) Verwarm uw oven voor op 190°C. Vet een madeleinevorm in met een beetje gesmolten boter of kookspray. Als u een pan met antiaanbaklaag gebruikt, is deze stap mogelijk niet nodig.
b) Klop in een middelgrote kom de bloem voor alle doeleinden, bakpoeder, pompoentaartkruiden, gemalen kaneel, gemalen gember, gemalen kruidnagel en zout. Opzij zetten.
c) Klop in een aparte grote mengkom de eieren en kristalsuiker samen tot ze goed gemengd en licht schuimig zijn. Voeg de verpakte lichtbruine suiker, de ingeblikte pompoenpuree en het vanille-extract toe. Meng goed totdat alle ingrediënten volledig zijn opgenomen.
d) Voeg geleidelijk de droge ingrediënten toe aan de natte ingrediënten en roer zachtjes na elke toevoeging, totdat het beslag glad en goed gemengd is.
e) Giet de gesmolten boter langzaam bij het beslag en roer voortdurend totdat het volledig is opgenomen.
f) Dek de kom af met plasticfolie en zet het beslag minimaal 1 uur in de koelkast. Door het beslag te koelen, komen de smaken beter tot hun recht en verbetert de textuur van de madeleines.
g) Verwarm de oven na het afkoelen indien nodig opnieuw voor op 190 °C. Haal het beslag uit de koelkast en roer het voorzichtig door, zodat het goed gemengd wordt.
h) Schep ongeveer 1 eetlepel van het beslag in elke schelpvormige holte van de madeleinepan en vul ze voor ongeveer driekwart.
i) Zet de gevulde madeleinepan in de voorverwarmde oven en bak 10-12 minuten, of tot de madeleines gerezen zijn en de randen licht goudbruin zijn.
j) Haal de pan uit de oven en laat de madeleines een minuut of twee in de pan afkoelen voordat je ze voorzichtig op een rooster legt om volledig af te koelen.
k) Bestrooi de afgekoelde Pumpkin Spice Madeleines indien gewenst met poedersuiker voor een finishing touch voordat je ze serveert.

72. Chai-gekruide madeleines

INGREDIËNTEN:
- 2 grote eieren
- 1/2 kopje kristalsuiker
- 1 kopje bloem voor alle doeleinden
- 1/2 kopje ongezouten boter, gesmolten en afgekoeld
- 1 theelepel gemalen kaneel
- 1/2 theelepel gemalen gember
- 1/4 theelepel gemalen kardemom
- 1/4 theelepel gemalen kruidnagel
- 1/4 theelepel gemalen zwarte peper
- 1/2 theelepel bakpoeder
- 1/4 theelepel zout

INSTRUCTIES:
a) Verwarm uw oven voor op 350 ° F (180 ° C). Vet je madeleinevorm in en bebloem hem.
b) Klop in een mengkom de eieren en de kristalsuiker tot het mengsel bleek en dik is.
c) Meng in een aparte kom de bloem, het bakpoeder, het zout en alle gemalen kruiden.
d) Spatel de droge ingrediënten voorzichtig door het eimengsel.
e) Voeg de gesmolten boter toe en meng tot alles goed gemengd is.
f) Schep het beslag in de voorbereide madeleinevorm en vul elke vorm voor ongeveer 2/3 vol.
g) Bak gedurende 10-12 minuten of tot de madeleines goudbruin zijn en een bult hebben.
h) Haal ze uit de oven en laat ze een paar minuten afkoelen in de pan voordat je ze op een rooster legt.

73. Kaneel Madeleine Taarten

INGREDIËNTEN:

- 2 grote eieren, opgewarmd
- ¾ kopje superfijne suiker
- 1 ⅓ kopjes bloem voor alle doeleinden, gezeefd
- ½ theelepel bakpoeder
- ⅛ theelepel zout
- ½ theelepel kaneel
- ¼ theelepel nootmuskaat
- ¼ theelepel gemalen kruidnagel
- 8 eetlepels ongezouten boter, gesmolten en afgekoeld
- 1 theelepel vanille-extract

INSTRUCTIES:
a) Doe de boter in een kleine kom en smelt deze in de magnetron of op de kookplaat. Zet het opzij om af te koelen.
b) Klop in een middelgrote kom de suiker, de eieren en het vanille-extract vijf tot zeven minuten totdat het mengsel bleek wordt en in volume is verdrievoudigd. Voor deze stap kunt u een handmixer of een keukenmixer gebruiken.
c) Meng in een aparte kleine kom de bloem, bakpoeder, zout, kaneel, nootmuskaat en gemalen kruidnagel. Klop de droge ingrediënten samen om te combineren.
d) Schep het bloemmengsel over het eierbeslag en vouw de bloem voorzichtig door het beslag met een rubberen spatel tot alles goed gemengd is.
e) Giet de afgekoelde gesmolten boter over het beslag en spatel het voorzichtig door het beslag tot het volledig gemengd is.
f) Zet het beslag 1 uur in de koelkast.
g) Verwarm uw oven voor op 190°C. Vet een Madeleine-pan royaal in en bebloem deze, of gebruik een antiaanbakspray als uw pan geen bloem nodig heeft.
h) Schep een eetlepel beslag in elke Madeleine-vorm en druk het deeg voorzichtig aan om de holte te vullen.
i) Bak de Madeleines gedurende 8-10 minuten of tot ze goudbruin zijn en de karakteristieke bobbel bovenop ontwikkelen. Houd ze in de gaten om te voorkomen dat ze bruin worden.
j) Laat de Madeleines 5 minuten afkoelen in de pan en haal ze er vervolgens voorzichtig uit.
k) Strooi met behulp van een zeef of fijnmazige zeef poedersuiker over de taarts voor een finishing touch.
l) Madeleines kunnen het beste warm of op kamertemperatuur worden genoten op dezelfde dag dat ze worden gemaakt. Als u restjes heeft, bewaar deze dan maximaal drie dagen in een luchtdichte verpakking.
m) Deze kaneelmadeleinetaarts zijn een heerlijke traktatie met hun delicate textuur en warme kruiden. Geniet ervan met een kopje thee of koffie voor een perfecte middagverwennerij.

74. Pittige sinaasappelmadeleines

INGREDIËNTEN:
- 2 grote eieren
- 1/2 kopje kristalsuiker
- 1 kopje bloem voor alle doeleinden
- 1/2 kopje ongezouten boter, gesmolten en afgekoeld
- Schil van 2 sinaasappels
- 1/2 theelepel gemalen kaneel
- 1/4 theelepel gemalen nootmuskaat
- 1/4 theelepel gemalen kruidnagel
- 1/2 theelepel bakpoeder
- 1/4 theelepel zout

INSTRUCTIES:
a) Verwarm uw oven voor op 350 ° F (180 ° C). Vet je madeleinevorm in en bebloem hem.
b) Klop in een mengkom de eieren en de kristalsuiker tot het mengsel bleek en dik is.
c) Meng in een aparte kom de bloem, het bakpoeder, het zout en alle gemalen kruiden.
d) Spatel de droge ingrediënten voorzichtig door het eimengsel.
e) Voeg de gesmolten boter en de sinaasappelschil toe. Meng tot alles goed gemengd is.
f) Schep het beslag in de voorbereide madeleinevorm en vul elke vorm voor ongeveer 2/3 vol.
g) Bak gedurende 10-12 minuten of tot de madeleines goudbruin zijn en een bult hebben.
h) Haal ze uit de oven en laat ze een paar minuten afkoelen in de pan voordat je ze op een rooster legt.

75. Madeleines met kaneelchips

INGREDIËNTEN:
- 2 grote eieren
- 1/2 kopje kristalsuiker
- 1 kopje bloem voor alle doeleinden
- 1/2 kopje ongezouten boter, gesmolten en afgekoeld
- 1 theelepel gemalen kaneel
- 1/4 theelepel gemalen nootmuskaat
- 1/4 theelepel gemalen piment
- 1/2 kop kaneelbakchips
- 1/2 theelepel bakpoeder
- 1/4 theelepel zout

INSTRUCTIES:
a) Verwarm uw oven voor op 350 ° F (180 ° C). Vet je madeleinevorm in en bebloem hem.
b) Klop in een mengkom de eieren en de kristalsuiker tot het mengsel bleek en dik is.
c) Meng in een aparte kom de bloem, het bakpoeder, het zout en alle gemalen kruiden.
d) Spatel de droge ingrediënten voorzichtig door het eimengsel.
e) Voeg de gesmolten boter en kaneelbakchips toe. Meng tot alles goed gemengd is.
f) Schep het beslag in de voorbereide madeleinevorm en vul elke vorm voor ongeveer 2/3 vol.
g) Bak gedurende 10-12 minuten of tot de madeleines goudbruin zijn en een bult hebben.
h) Haal ze uit de oven en laat ze een paar minuten afkoelen in de pan voordat je ze op een rooster legt.

76. Chili Chocolade Madeleines

INGREDIËNTEN:
- 2 grote eieren
- 1/2 kopje kristalsuiker
- 1 kopje bloem voor alle doeleinden
- 1/2 kopje ongezouten boter, gesmolten en afgekoeld
- 2 eetlepels cacaopoeder
- 1/2 theelepel chilipoeder (naar smaak aanpassen)
- 1/2 theelepel gemalen kaneel
- 1/2 kop halfzoete chocoladestukjes
- 1/2 theelepel bakpoeder
- 1/4 theelepel zout

INSTRUCTIES:
a) Verwarm de oven voor op 180 °C. Vet de madeleinevormpjes in en bebloem ze.
b) Klop in een mengkom de eieren en de kristalsuiker tot ze bleek en romig worden.
c) Meng in een aparte kom de bloem, cacaopoeder, bakpoeder, zout, chilipoeder en gemalen kaneel.
d) Spatel de droge ingrediënten voorzichtig door het eimengsel.
e) Voeg de gesmolten boter en halfzoete chocoladestukjes toe. Meng tot alles goed gemengd is.
f) Schep het beslag in de voorbereide madeleinevorm en vul elke vorm voor ongeveer 2/3 vol.
g) Bak gedurende 10-12 minuten of tot de madeleines goudbruin zijn en een bult hebben.
h) Laat ze een paar minuten afkoelen in de pan voordat je ze op een rooster legt.

77. Pittige amandelmadeleines

INGREDIËNTEN:
- 2 grote eieren
- 1/2 kopje kristalsuiker
- 1 kopje bloem voor alle doeleinden
- 1/2 kopje ongezouten boter, gesmolten en afgekoeld
- 1/2 kop gemalen amandelen
- 1/2 theelepel gemalen gember
- 1/4 theelepel gemalen cayennepeper (naar smaak aanpassen)
- 1/2 theelepel bakpoeder
- 1/4 theelepel zout

INSTRUCTIES:
a) Verwarm uw oven voor op 350 ° F (180 ° C). Vet je madeleinevorm in en bebloem hem.
b) Klop in een mengkom de eieren en de kristalsuiker tot het mengsel bleek en dik is.
c) Meng in een aparte kom de bloem, gemalen amandelen, bakpoeder, zout, gemalen gember en gemalen cayennepeper.
d) Spatel de droge ingrediënten voorzichtig door het eimengsel.
e) Voeg de gesmolten boter toe en meng tot alles goed gemengd is.
f) Schep het beslag in de voorbereide madeleinevorm en vul elke vorm voor ongeveer 2/3 vol.
g) Bak gedurende 10-12 minuten of tot de madeleines goudbruin zijn en een bult hebben.
h) Haal ze uit de oven en laat ze een paar minuten afkoelen in de pan voordat je ze op een rooster legt.

78. Sriracha en Cheddar Madeleines

INGREDIËNTEN:
- 2 grote eieren
- 1/2 kopje kristalsuiker
- 1 kopje bloem voor alle doeleinden
- 1/2 kopje ongezouten boter, gesmolten en afgekoeld
- 1/4 kop geraspte scherpe cheddarkaas
- 1-2 eetlepels Sriracha-saus (naar smaak aanpassen)
- 1/2 theelepel bakpoeder
- 1/4 theelepel zout

INSTRUCTIES:
a) Verwarm uw oven voor op 350 ° F (180 ° C). Vet je madeleinevorm in en bebloem hem.
b) Klop in een mengkom de eieren en de kristalsuiker tot het mengsel bleek en dik is.
c) Meng in een aparte kom de bloem, het bakpoeder en het zout.
d) Spatel de droge ingrediënten voorzichtig door het eimengsel.
e) Voeg de gesmolten boter, geraspte cheddarkaas en Sriracha-saus toe. Meng tot alles goed gemengd is.
f) Schep het beslag in de voorbereide madeleinevorm en vul elke vorm voor ongeveer 2/3 vol.
g) Bak gedurende 10-12 minuten of tot de madeleines goudbruin zijn en een bult hebben.
h) Haal ze uit de oven en laat ze een paar minuten afkoelen in de pan voordat je ze op een rooster legt.

79. Jalapeño Maïsbrood Madeleines

INGREDIËNTEN:

- 2 grote eieren
- 1/2 kopje kristalsuiker
- 1 kopje bloem voor alle doeleinden
- 1/2 kopje ongezouten boter, gesmolten en afgekoeld
- 1/4 kop maïsmeel
- 1-2 jalapeñopepers, fijngehakt (aanpassen aan smaak)
- 1/2 theelepel bakpoeder
- 1/4 theelepel zout

INSTRUCTIES:

a) Verwarm de oven voor op 180 °C. Vet de madeleinevormpjes in en bebloem ze.
b) Klop in een mengkom de eieren en de kristalsuiker tot ze bleek en romig worden.
c) Meng in een aparte kom de bloem, maïsmeel, bakpoeder, zout en fijngehakte jalapeñopepers.
d) Spatel de droge ingrediënten voorzichtig door het eimengsel.
e) Voeg de gesmolten boter toe en meng tot alles goed gemengd is.
f) Schep het beslag in de voorbereide madeleinevorm en vul elke vorm voor ongeveer 2/3 vol.
g) Bak gedurende 10-12 minuten of tot de madeleines goudbruin zijn en een bult hebben.
h) Laat ze een paar minuten afkoelen in de pan voordat je ze op een rooster legt.

BLOEMEN MADELEINES

80. Pistache Rozenbevochtigen Madeleines

INGREDIËNTEN:

- 90 g bloem voor alle doeleinden, plus meer indien nodig
- 40 g gepelde, ongezouten pistachenoten
- ½ theelepel bakpoeder
- ⅛ theelepel zout
- 2 Grote Eieren
- ½ kopje witte suiker
- ½ theelepel Vanille
- ½ theelepel Rozenbevochtigen
- ¼ theelepel pistache-extract of amandelextract
- ½ kopje ongezouten boter, gesmolten
- ½ kopje gesmolten witte chocolade, om te dippen
- Gemalen pistachenoten, voor decoratie

INSTRUCTIES:
a) Verwarm de oven voor op 350 ° F. Zet 2 madeleinepannen klaar door ze goed in te borstelen met kookspray.
b) Pureer de pistachenoten en de bloem in een keukenmachine tot de pistachenoten fijngemalen zijn maar nog niet in een pasta zijn veranderd. Zeef het mengsel in een middelgrote mengkom en gooi de overgebleven stukken pistache weg. Het mengsel moet 120 g wegen; als het minder weegt, voeg dan meer bloem toe tot 120 g is bereikt.
c) Voeg bakpoeder en zout toe aan het bloemmengsel en klop het door elkaar. Opzij zetten.
d) Klop in een keukenmixer voorzien van het gardehulpstuk de eieren en de suiker gedurende ongeveer 8 minuten op de hoogste stand tot het mengsel dik is, verdrievoudigd in volume en linten vormt van het hulpstuk. Voeg vanille-, rozenbevochtigen- en pistache-extract toe en meng tot alles net gemengd is.
e) Haal de kom van de keukenmixer en voeg de droge ingrediënten toe. Klop de droge ingrediënten lichtjes door het beslag en meng tot ze net gemengd zijn.
f) Spatel de gesmolten boter voorzichtig door het beslag tot alles goed gemengd is en zorg ervoor dat het beslag niet leegloopt. Het is misschien het gemakkelijkst om dit in twee stappen te doen: schep wat beslag in de gesmolten boter en vouw het door elkaar, giet dat dan bij de rest van het beslag en vouw tot alles gemengd is.
g) Schep het beslag met een 1½ "koekjesschep in de voorbereide madeleine-pannen en gebruik de schep om het beslag lichtjes in de pan te verdelen. Zet het 15 minuten in de vriezer.
h) Haal de pannen uit de vriezer en plaats ze in de oven om 11-12 minuten te bakken. Haal de madeleines uit de oven en leg ze op een rooster om af te koelen.
i) Eenmaal afgekoeld doopt u elke madeleine in de gesmolten witte chocolade en decoreert u met gemalen pistachenoten. Geniet van deze luchtige en boterachtige pistache-rozenbevochtigenmadeleines als een heerlijke traktatie voor elke gelegenheid!

81. Frambozenroos Franse Madeleines

INGREDIËNTEN:
VOOR DE Madeleines
- 1 kopje veganistische boter, gesmolten (zoals Miyoko's cashewboter)
- Schil van 1 citroen
- Zaden van 1 vanilleboon
- 1 kopje glutenvrije bloemmix (bijv. Bob's Redmill)
- ¼ theelepel zout
- 1 ¼ theelepel glutenvrij bakpoeder
- 3 grote eieren, op kamertemperatuur
- ¾ kopje biologische suiker

VOOR DE RASPBERRY ROSE GLAZE:
- 2 kopjes poedersuiker
- Scheutje citroensap
- 1 druppel Rozenbevochtigen
- ¼ kopje gepureerde frambozen, gezeefd (voeg 1 theelepel per keer toe)
- Eetbare rozenblaadjes en gedroogde frambozen (gemalen) voor garnering (optioneel)

INSTRUCTIES:
VOOR DE Madeleines
a) Smelt de veganistische boter in een pan op middelhoog vuur tot hij licht begint te bruinen (ongeveer 10 minuten).
b) Doe de gesmolten boter in een schaal en meng de citroenschil en het vanillestokje erdoor.
c) Meng in een aparte kom het glutenvrije bloemmengsel, het zout en het glutenvrije bakpoeder. Opzij zetten.
d) Klop de eieren met een keukenmixer op gemiddelde snelheid en voeg geleidelijk de biologische suiker toe.
e) Blijf het suiker- en eimengsel ongeveer 3 minuten op middelhoge snelheid kloppen tot het luchtig wordt.
f) Meng het bloemmengsel voorzichtig door de eieren en de suiker, totdat het gemengd is.
g) Spatel vervolgens de gesmolten boter erdoor tot deze volledig is opgenomen. Dek het beslag af en zet het minimaal 4 uur in de koelkast.

BAKKEN:
h) Verwarm uw oven voor op 375 graden F (190 graden C).
i) Vet elke holte van de madeleinepan in met kookspray of boter.

j) Schep afgestreken theelepels van het gekoelde beslag in het midden van elke madeleineholte. Het beslag zal tijdens het bakken uitspreiden.
k) Bak de madeleines ongeveer 10 minuten of tot ze goudbruin zijn.
l) Breng de gebakken madeleines over naar een koelrek en laat ze volledig afkoelen voordat u ze glaceert.

FRAMBESSEN ROSE GLAZE INSTRUCTIES

m) Meng in een keukenmixer de poedersuiker en het citroensap tot een gladde massa.
n) Voeg de frambozenpuree lepel voor lepel toe en meng grondig tot het is opgenomen.
o) Het glazuur moet een dikke, langzaam drogende dipconsistentie hebben. Als het te dik is, voeg dan nog een scheutje frambozenpuree toe.

DOMPELINSTRUCTIES _

p) Doop de bovenkant of zijkanten van de afgekoelde madeleines in het frambozenroosglazuur.
q) Bestrooi met eetbare rozenblaadjes en gemalen gedroogde frambozen voor een mooie garnering.
r) Laat het glazuur minimaal 20 minuten intrekken, of je kunt het proces versnellen door de madeleines in de koelkast te laten afkoelen.
s) Geniet van deze French Madeleines met Frambozenroos en Rose voor een elegante en smaakvolle traktatie! Perfect voor speciale gelegenheden of een heerlijke afternoon tea.

82. Lavendelhoning Madeleines

INGREDIËNTEN:
- 1 theelepel gesmolten boter voor de madeleinesschaal
- 2 grote eieren
- 3 ons (80 g) basterdsuiker
- 3½ ounces (100 g) boter, gesmolten en iets afgekoeld
- 2 eetlepels (30 g) honing
- ½ citroen, alleen schil
- 1 theelepel vers citroensap
- 3½ ons (100 g) bloem voor alle doeleinden
- ¾ theelepel bakpoeder
- 2 theelepels droge lavendelbloemen
- 3 theelepels lavendelextract

INSTRUCTIES:
a) Verwarm de oven voor op 200 °C. Bestrijk de madeleinevorm met gesmolten boter of gebruik een bakspray, bestrooi de vormpjes vervolgens met bloem en tik de overtollige bloem eruit.

b) Klop in een kom de eieren en de basterdsuiker tot een schuimig mengsel. Voeg de gesmolten boter, honing, citroensap en -schil, lavendelextract toe en zeef de bloem met bakpoeder. Roer goed om te combineren.

c) Voeg de droge lavendelbloemen toe aan het beslag en meng goed. Laat het beslag 20 minuten rusten om te rusten.

d) Giet het beslag voorzichtig in de voorbereide madeleinevorm en vul elke vorm ongeveer ¾ vol.

e) Bak de madeleines gedurende 8-10 minuten of totdat het mengsel in het midden iets is gestegen en volledig gaar is. De madeleines moeten licht goudkleurig zijn.

f) Haal de madeleines uit de oven en leg ze op een rooster. Laat ze iets afkoelen voordat je ze serveert.

g) Deze heerlijke lavendelhoningmadeleines zijn een heerlijke traktatie met een subtiele smaak van lavendel, citroen en honing. Ze zijn een perfect eetbaar cadeau voor je dierbaren, vooral als ze in een klein plastic zakje zijn verpakt. Geniet van hun delicate aroma en smaak met een kopje thee of koffie!

83. Vlierbloesemmadeleines met chocoladesaus

INGREDIËNTEN:
VOOR DE Madeleines
- 100 g boter, plus extra voor het invetten
- 1 eetlepel vlierbloesemsiroop
- Fijn geraspte schil van ½ onbespoten citroen
- 100 g kristalsuiker
- 2 middelgrote Waitrose Britse Blacktail-eieren
- 100 g gewone bloem, plus extra om te bestuiven
- ½ theelepel bakpoeder

VOOR DE WITTE CHOCOLADESAUS:
- 170 ml potje dubbele room
- 100 g witte chocolade, gehakt
- 2 eetlepels vlierbloesemsiroop
- Fijn geraspte schil van ½ onbespoten citroen

INSTRUCTIES:

a) Om de madeleines te maken, verwarm je de boter in een kleine pan op middelhoog vuur tot hij gesmolten is. Roer de vlierbloesemsiroop en de citroenschil erdoor en zet opzij om iets af te koelen.

b) Doe de suiker en de eieren in de kom van een keukenmixer en klop op hoge snelheid gedurende 6-7 minuten tot het mengsel licht en dik is en de garde een spoor in het mengsel achterlaat dat na 3 seconden verdwijnt.

c) Meng de bloem en het bakpoeder in een kleine kom en zeef dit door het eimengsel. Gebruik een metalen lepel of een flexibele spatel om de droge ingrediënten erdoor te roeren totdat alle bloem is gemengd.

d) Voeg het mengsel van boter en vlierbloesem toe aan het beslag en roer om te combineren. Bedek de kom met huishoudfolie en zet deze minimaal 30 minuten of een hele nacht in de koelkast.

e) Vet een madeleinevorm met 12 gaatjes royaal in met boter (je kunt je vingers gebruiken om ervoor te zorgen dat alle kieren bedekt zijn), bestuif licht met bloem en plaats het in de vriezer om af te koelen. Verwarm ondertussen de oven voor op 200°C (gasstand 6).

f) Schep in elk gaatje 1 volle theelepel beslag. Het mengsel verspreidt zich tijdens het bakken, dus je hoeft de vorm niet te vullen. Bak 8-10 minuten tot het midden is gerezen tot een klassieke bult en de madeleines veerkrachtig aanvoelen. Verwijder het op een koelrek en herhaal met het resterende beslag om 24 madeleines te maken.

g) Giet voor de witte chocoladesaus de slagroom in een kleine pan en verwarm tot het net begint te stomen. Haal van het vuur en voeg de gehakte witte chocolade toe.

h) Roer tot een gladde massa. Meng het vlierbloesemsiroop en de citroenschil erdoor, giet de saus in een warme kom en serveer naast de madeleines als dipsaus.

84. Roos Madeleines

INGREDIËNTEN:
- 2 grote eieren
- 1/2 kopje kristalsuiker
- 1 kopje bloem voor alle doeleinden
- 1/2 kopje ongezouten boter, gesmolten en afgekoeld
- 1 eetlepel rozenbevochtigen
- 1 theelepel gedroogde rozenblaadjes (culinaire kwaliteit)
- 1/2 theelepel bakpoeder
- 1/4 theelepel zout

INSTRUCTIES:
a) Verwarm de oven voor op 180 °C. Vet de madeleinevormpjes in en bebloem ze.
b) Klop in een mengkom de eieren en de kristalsuiker tot ze bleek en romig worden.
c) Meng in een aparte kom de bloem, het bakpoeder, het zout en de gedroogde rozenblaadjes.
d) Spatel de droge ingrediënten voorzichtig door het eimengsel.
e) Voeg de gesmolten boter en het rozenbevochtigen toe en meng tot alles goed gemengd is.
f) Schep het beslag in de voorbereide madeleinevorm en vul elke vorm voor ongeveer 2/3 vol.
g) Bak gedurende 10-12 minuten of tot de madeleines goudbruin zijn en een bult hebben.
h) Laat ze een paar minuten afkoelen in de pan voordat je ze op een rooster legt.

85. Oranjebloesem Madeleines

INGREDIËNTEN:
- 2 grote eieren
- 1/2 kopje kristalsuiker
- 1 kopje bloem voor alle doeleinden
- 1/2 kopje ongezouten boter, gesmolten en afgekoeld
- 1 eetlepel oranjebloesembevochtigen
- Schil van 1 sinaasappel
- 1/2 theelepel bakpoeder
- 1/4 theelepel zout

INSTRUCTIES:
a) Verwarm uw oven voor op 350 ° F (180 ° C). Vet je madeleinevorm in en bebloem hem.
b) Klop in een mengkom de eieren en de kristalsuiker tot het mengsel bleek en dik is.
c) Meng in een aparte kom de bloem, het bakpoeder, het zout en de sinaasappelschil.
d) Spatel de droge ingrediënten voorzichtig door het eimengsel.
e) Voeg de gesmolten boter en het oranjebloesembevochtigen toe en meng tot alles goed gemengd is.
f) Schep het beslag in de voorbereide madeleinevorm en vul elke vorm voor ongeveer 2/3 vol.
g) Bak gedurende 10-12 minuten of tot de madeleines goudbruin zijn en een bult hebben.
h) Haal ze uit de oven en laat ze een paar minuten afkoelen in de pan voordat je ze op een rooster legt.

86. Violette Madeleines

INGREDIËNTEN:

- 2 grote eieren
- 1/2 kopje kristalsuiker
- 1 kopje bloem voor alle doeleinden
- 1/2 kopje ongezouten boter, gesmolten en afgekoeld
- 1 eetlepel violetsiroop of extract
- Paarse kleurstof (optioneel, voor kleur)
- 1/2 theelepel bakpoeder
- 1/4 theelepel zout

INSTRUCTIES:

a) Verwarm de oven voor op 180 °C. Vet de madeleinevormpjes in en bebloem ze.
b) Klop in een mengkom de eieren en de kristalsuiker tot ze bleek en romig worden.
c) Meng in een aparte kom de bloem, het bakpoeder, het zout en de viooltjessiroop.
d) Voeg indien gewenst een paar druppels paarse kleurstof toe voor een levendige tint.
e) Spatel de droge ingrediënten voorzichtig door het eimengsel.
f) Voeg de gesmolten boter toe en meng tot alles goed gemengd is.
g) Schep het beslag in de voorbereide madeleinevorm en vul elke vorm voor ongeveer 2/3 vol.
h) Bak gedurende 10-12 minuten of tot de madeleines goudbruin zijn en een bult hebben.
i) Laat ze een paar minuten afkoelen in de pan voordat je ze op een rooster legt.

87. Kamille Honing Madeleines

INGREDIËNTEN:
- 2 grote eieren
- 1/2 kopje kristalsuiker
- 1 kopje bloem voor alle doeleinden
- 1/2 kopje ongezouten boter, gesmolten en afgekoeld
- 2 eetlepels gedroogde kamillebloemen (fijngemalen)
- 2 eetlepels honing
- 1/2 theelepel bakpoeder
- 1/4 theelepel zout

INSTRUCTIES:
a) Verwarm uw oven voor op 350 ° F (180 ° C). Vet je madeleinevorm in en bebloem hem.
b) Klop in een mengkom de eieren en de kristalsuiker tot het mengsel bleek en dik is.
c) Meng in een aparte kom de bloem, gemalen kamillebloemen, bakpoeder en zout.
d) Spatel de droge ingrediënten voorzichtig door het eimengsel.
e) Voeg de gesmolten boter en honing toe en meng tot alles goed gemengd is.
f) Schep het beslag in de voorbereide madeleinevorm en vul elke vorm voor ongeveer 2/3 vol.
g) Bak gedurende 10-12 minuten of tot de madeleines goudbruin zijn en een bult hebben.
h) Haal ze uit de oven en laat ze een paar minuten afkoelen in de pan voordat je ze op een rooster legt.

88. Hibiscus Madeleine

INGREDIËNTEN:
- 2 grote eieren
- 1/2 kopje kristalsuiker
- 1 kopje bloem voor alle doeleinden
- 1/2 kopje ongezouten boter, gesmolten en afgekoeld
- 2 eetlepels gedroogde hibiscusbloemen (fijngemalen)
- 1/2 theelepel bakpoeder
- 1/4 theelepel zout

INSTRUCTIES:
a) Verwarm uw oven voor op 350 ° F (180 ° C). Vet je madeleinevorm in en bebloem hem.
b) Klop in een mengkom de eieren en de kristalsuiker tot het mengsel bleek en dik is.
c) Meng in een aparte kom de bloem, gemalen hibiscusbloemen, bakpoeder en zout.
d) Spatel de droge ingrediënten voorzichtig door het eimengsel.
e) Voeg de gesmolten boter toe en meng tot alles goed gemengd is.
f) Schep het beslag in de voorbereide madeleinevorm en vul elke vorm voor ongeveer 2/3 vol.
g) Bak gedurende 10-12 minuten of tot de madeleines goudbruin zijn en een bult hebben.
h) Haal ze uit de oven en laat ze een paar minuten afkoelen in de pan voordat je ze op een rooster legt.

89. Jasmijn Thee Madeleines

INGREDIËNTEN:
- 2 grote eieren
- 1/2 kopje kristalsuiker
- 1 kopje bloem voor alle doeleinden
- 1/2 kopje ongezouten boter, gesmolten en afgekoeld
- 1 eetlepel gedroogde jasmijntheeblaadjes (fijngemalen)
- 1/2 theelepel bakpoeder
- 1/4 theelepel zout

INSTRUCTIES:
a) Verwarm de oven voor op 180 °C. Vet de madeleinevormpjes in en bebloem ze.
b) Klop in een mengkom de eieren en de kristalsuiker tot ze bleek en romig worden.
c) Meng in een aparte kom de bloem, gemalen jasmijntheeblaadjes, bakpoeder en zout.
d) Spatel de droge ingrediënten voorzichtig door het eimengsel.
e) Voeg de gesmolten boter toe en meng tot alles goed gemengd is.
f) Schep het beslag in de voorbereide madeleinevorm en vul elke vorm voor ongeveer 2/3 vol.
g) Bak gedurende 10-12 minuten of tot de madeleines goudbruin zijn en een bult hebben.
h) Laat ze een paar minuten afkoelen in de pan voordat je ze op een rooster legt.

90. Lindebloesem Madeleines

INGREDIËNTEN:
- 2/3 kopje bloem voor alle doeleinden
- 1/2 kopje kristalsuiker
- 1/4 kopje ongezouten boter, gesmolten en afgekoeld
- 2 grote eieren
- 1 theelepel lindebloesemextract
- 1/2 theelepel bakpoeder
- Een snufje zout
- Schil van één limoen
- Banketbakkerssuiker (om te bestuiven)
- Boter en bloem (voor het invetten van de madeleinevorm)

INSTRUCTIES:
a) Verwarm uw oven voor op 350 ° F (180 ° C).
b) Vet je madeleinevorm in en bebloem hem om plakken te voorkomen. Als je een madeleinepan met antiaanbaklaag hebt, kun je deze stap overslaan.
c) Meng de eieren en kristalsuiker in een mengkom. Klop ze samen tot het mengsel licht en luchtig is.
d) Voeg de gesmolten en gekoelde boter, het lindebloesemextract en de limoenschil toe aan het ei-suikermengsel. Meng tot alles goed gemengd is.
e) Zeef de bloem, het bakpoeder en een snufje zout in een aparte kom.
f) Spatel de droge ingrediënten voorzichtig door het natte mengsel tot je een glad beslag krijgt.
g) Vul elke madeleinevorm voor ongeveer 2/3 met het beslag. Je kunt hiervoor een lepel of een spuitzak gebruiken.
h) Bak de madeleines in de voorverwarmde oven gedurende ongeveer 10-12 minuten of tot ze net gaar zijn en de randen goudbruin kleuren.
i) Haal de madeleines uit de oven en laat ze een paar minuten afkoelen in de vorm.
j) Haal de madeleines, nadat ze iets zijn afgekoeld, voorzichtig uit de vorm en plaats ze op een rooster om volledig af te koelen.
k) Zodra de madeleines zijn afgekoeld, kun je ze bestrooien met banketbakkerssuiker voor een zoete afdronk.

GEKRUIDE MADELEINES

91. Madeleines met Parmezaanse kruiden

INGREDIËNTEN:
- ⅓ kopje ongebleekt bloem voor alle doeleinden
- 1 theelepel bakpoeder
- ¼ theelepel zeezout
- 1 groot ei lichtgeklopt
- ⅓ kopje magere yoghurt
- ¼ kopje 1 ounce vers geraspte Parmigiano-Reggiano (of gruyère)
- 1 eetlepel fijngehakte verse rozemarijn of bieslook

INSTRUCTIES:
a) Verwarm uw oven voor op 425 °F Ik raad aan om je madeleinepan in te spuiten met een anti-aanbakspray, ook al staat er al een anti-aanbaklaag op.
b) Meng met een keukenmachine de ingrediënten van de bloem tot de yoghurt en meng goed. Voeg de kaas en rozemarijn toe en verwerk tot alles gemengd is.
c) Schep het beslag op de madeleinevormpjes en bak ze in het midden van de oven gedurende ongeveer 10 minuten of tot ze stevig en goudbruin zijn. Laat de madeleines een paar minuten afkoelen voordat u ze serveert.
d) Serveer warm of op kamertemperatuur.

92. Rozemarijn Citroen Madeleines

INGREDIËNTEN:
- ½ kopje ongezouten boter, gesmolten en afgekoeld
- 1 eetlepel fijngehakte verse rozemarijn
- Schil van 1 citroen
- 2 grote eieren
- ½ kopje kristalsuiker
- 1 kopje bloem voor alle doeleinden
- 1 theelepel bakpoeder
- ¼ theelepel zout

INSTRUCTIES:

a) Verwarm uw oven voor op 190°C. Madeleinevormen met vet en bloem.

b) Klop in een middelgrote kom de eieren en de suiker tot een bleek en dik mengsel.

c) Voeg de gesmolten boter, gehakte rozemarijn en citroenschil toe aan het eimengsel en roer tot alles goed gemengd is.

d) Meng in een aparte kom de bloem, het bakpoeder en het zout.

e) Spatel de droge ingrediënten geleidelijk door de natte ingrediënten tot ze net gemengd zijn.

f) Schep het beslag in de madeleinevormpjes en vul ze elk voor ongeveer ¾ vol.

g) Bak gedurende 8-10 minuten of tot de madeleines goudbruin zijn en terugveren als ze lichtjes worden aangeraakt.

h) Haal het uit de oven en laat het een paar minuten in de vormpjes afkoelen voordat je het op een rooster legt om volledig af te koelen.

93. Tijm Parmezaanse Madeleines

INGREDIËNTEN:
- ½ kopje ongezouten boter, gesmolten en afgekoeld
- 1 eetlepel fijngehakte verse tijmblaadjes
- ¼ kopje geraspte Parmezaanse kaas
- 2 grote eieren
- ½ kopje kristalsuiker
- 1 kopje bloem voor alle doeleinden
- 1 theelepel bakpoeder
- ¼ theelepel zout

INSTRUCTIES:
a) Verwarm uw oven voor op 190°C. Madeleinevormen met vet en bloem.
b) Klop in een middelgrote kom de eieren en de suiker tot een bleek en dik mengsel.
c) Voeg de gesmolten boter, gehakte tijm en geraspte Parmezaanse kaas toe aan het eimengsel en roer tot alles goed gemengd is.
d) Meng in een aparte kom de bloem, het bakpoeder en het zout.
e) Spatel de droge ingrediënten geleidelijk door de natte ingrediënten tot ze net gemengd zijn.
f) Schep het beslag in de madeleinevormpjes en vul ze elk voor ongeveer ¾ vol.
g) Bak gedurende 8-10 minuten of tot de madeleines goudbruin zijn en terugveren als ze lichtjes worden aangeraakt.
h) Haal het uit de oven en laat het een paar minuten in de vormpjes afkoelen voordat je het op een rooster legt om volledig af te koelen.

94. Basilicum Zongedroogde Tomaat Madeleines

INGREDIËNTEN:
- ½ kopje ongezouten boter, gesmolten en afgekoeld
- 2 eetlepels fijngehakte verse basilicumblaadjes
- ¼ kopje fijngehakte zongedroogde tomaten (indien nodig gerehydrateerd)
- 2 grote eieren
- ½ kopje kristalsuiker
- 1 kopje bloem voor alle doeleinden
- 1 theelepel bakpoeder
- ¼ theelepel zout

INSTRUCTIES:
a) Verwarm uw oven voor op 190°C. Madeleinevormen met vet en bloem.
b) Klop in een middelgrote kom de eieren en de suiker tot een bleek en dik mengsel.
c) Voeg de gesmolten boter, gehakte basilicum en zongedroogde tomaten toe aan het eimengsel en roer tot alles goed gemengd is.
d) Meng in een aparte kom de bloem, het bakpoeder en het zout.
e) Spatel de droge ingrediënten geleidelijk door de natte ingrediënten tot ze net gemengd zijn.
f) Schep het beslag in de madeleinevormpjes en vul ze elk voor ongeveer ¾ vol.
g) Bak gedurende 8-10 minuten of tot de madeleines goudbruin zijn en terugveren als ze lichtjes worden aangeraakt.
h) Haal het uit de oven en laat het een paar minuten in de vormpjes afkoelen voordat je het op een rooster legt om volledig af te koelen.

95. Dille en Feta Madeleines

INGREDIËNTEN:
- ½ kopje ongezouten boter, gesmolten en afgekoeld
- 2 eetlepels fijngehakte verse dille
- ¼ kopje verkruimelde fetakaas
- 2 grote eieren
- ½ kopje kristalsuiker
- 1 kopje bloem voor alle doeleinden
- 1 theelepel bakpoeder
- ¼ theelepel zout

INSTRUCTIES:

a) Verwarm uw oven voor op 190°C. Madeleinevormen met vet en bloem.

b) Klop in een middelgrote kom de eieren en de suiker tot een bleek en dik mengsel.

c) Voeg de gesmolten boter, gehakte dille en verkruimelde fetakaas toe aan het eimengsel en roer tot alles goed gemengd is.

d) Meng in een aparte kom de bloem, het bakpoeder en het zout.

e) Spatel de droge ingrediënten geleidelijk door de natte ingrediënten tot ze net gemengd zijn.

f) Schep het beslag in de madeleinevormpjes en vul ze elk voor ongeveer ¾ vol.

g) Bak gedurende 8-10 minuten of tot de madeleines goudbruin zijn en terugveren als ze lichtjes worden aangeraakt.

h) Haal het uit de oven en laat het een paar minuten in de vormpjes afkoelen voordat je het op een rooster legt om volledig af te koelen.

CAFFEÏNEERDE MADELEINES

96. Mokka Madeleines met espressoglazuur

INGREDIËNTEN:
VOOR DE MOKKA Madeleines
- ¾ kopje (94 g / 180 ml) bloem voor alle doeleinden
- ¼ kopje (21 g / 60 ml) donker cacaopoeder (Nederlands verwerkt)
- 1 eetlepel (15 ml) instant-espressopoeder
- 1 theelepel (5 ml) bakpoeder
- ¼ theelepel (1 ml) koosjer zout of fijn zeezout
- 3 eieren
- ¾ kopje (150 g) kristalsuiker
- 1 theelepel (5 ml) puur vanille-extract
- ½ kopje (1 stokje / 113 g / 125 ml) ongezouten boter, gesmolten

VOOR DE ESPRESSO GLAZUUR:
- 2 tot 3 eetlepels (30 tot 45 ml) gezette espresso of sterke koffie
- ½ theelepel (2 ml) instant-espressopoeder
- 1 kopje (120 g / 250 ml) poedersuiker

INSTRUCTIES:
VOOR DE MOKKA Madeleines

a) Klop in een middelgrote kom de bloem, het cacaopoeder, het instant-espressopoeder, het bakpoeder en het zout door elkaar. Opzij zetten.

b) Klop de eieren en de suiker in de kom van een keukenmixer met het gardeopzetstuk, of in een grote mengkom als u een handmixer gebruikt, gedurende 5 minuten tot het mengsel bleek en dik is. Klop het vanille-extract erdoor.

c) Terwijl de mixer op lage snelheid draait, sprenkel de gesmolten boter door het beslag en meng alleen om het op te nemen. Voeg op lage snelheid geleidelijk de droge ingrediënten toe en roer totdat er geen bloemrepen meer achterblijven.

d) Gebruik een spatel om de zijkanten en de bodem van de kom schoon te schrapen om ervoor te zorgen dat de ingrediënten goed worden gemengd. Bedek de kom met plasticfolie of doe het beslag in een luchtdichte container. Zet het beslag minimaal 2 uur of maximaal 3 dagen in de koelkast.

e) Verwarm de oven ongeveer 30 minuten vóór het bakken voor op 190 °C en plaats een rooster in het bovenste derde deel van de oven. Vet een madeleinepan rijkelijk in met zachte (niet gesmolten) boter, bestuif hem vervolgens lichtjes met cacaopoeder en tik de pan ondersteboven om het overtollige te verwijderen. Plaats de pan in de vriezer.

f) Vul elke schaalvormige holte met 1 eetlepel (15 ml) beslag, of ongeveer driekwart vol. Het gebruik van een kleine ijs- of koekjesschep kan deze stap gemakkelijker maken. Plaats het resterende beslag terug in de koelkast.

g) Bak de madeleines gedurende 8 tot 10 minuten, of tot ze helemaal bovenaan gepoft en droog zijn. Haal de mokka madeleines uit de vorm zodra ze uit de oven komen door de pan ondersteboven te houden boven een theedoek en indien nodig zachtjes met de pan op het aanrecht te tikken om eventuele vastzittende madeleines los te maken. Laat de madeleines 15 minuten afkoelen.

h) Voordat u de volgende batch madeleines bakt, moet u de madeleinepan grondig wassen, vervolgens opnieuw beboteren en bestrooien met cacaopoeder. Zet het minimaal 10 minuten in de vriezer. Vul de holtes met koud beslag en bak vervolgens volgens de instructies. Herhaal indien nodig.

i) Serveer madeleines altijd op kamertemperatuur. Madeleines zijn vers gebakken het lekkerst, maar kunnen ook in een luchtdichte verpakking bij kamertemperatuur maximaal 3 dagen worden bewaard.

VOOR DE ESPRESSO GLAZUUR:

j) Klop in een middelgrote kom de gezette espresso en het instant-espressopoeder samen.

k) Zeef de poedersuiker erdoor en klop tot het volledig gemengd is. Het glazuur moet los genoeg zijn om te kunnen onderdompelen, maar dik genoeg om de madeleines met een ondoorzichtige laag te bedekken. Als het glazuur te dik is, voeg dan meer gezette espresso toe. Als het te dun is, voeg dan meer poedersuiker toe.

l) Doop de helft van elke mokkamadeleine schuin in het espressoglazuur; laat het teveel afdruipen door de gedipte madeleines op een rooster te leggen. Laat rusten tot het glazuur is uitgehard, ongeveer 30 minuten.

m) Geglazuurde mokka-madeleines kunnen in een luchtdichte verpakking maximaal 2 dagen bij kamertemperatuur worden bewaard, of maximaal een week in de koelkast. Zorg ervoor dat u de madeleines weer op kamertemperatuur brengt voordat u ze serveert.

n) Geniet van deze verrukkelijke mokkamadeleines met een heerlijk espressoglazuur als heerlijke koffiebijgerecht of als smakelijke avondtraktatie!

97. Espresso Madeleine

INGREDIËNTEN:
- ½ kopje ongezouten boter, gesmolten
- 2 eetlepels instant espressopoeder
- 2 grote eieren
- ½ kopje kristalsuiker
- 1 theelepel puur vanille-extract
- 1 kopje bloem voor alle doeleinden
- 1 theelepel bakpoeder
- Snufje zout

INSTRUCTIES:
a) Verwarm uw oven voor op 190°C. Madeleinevormen met vet en bloem.
b) Meng in een kleine kom het instant-espressopoeder met 1 eetlepel heet bevochtigen om het op te lossen.
c) Klop in een middelgrote kom de eieren en de suiker tot een bleek en dik mengsel.
d) Voeg de gesmolten boter, de opgeloste espresso en het vanille-extract toe aan het eimengsel en roer tot alles goed gemengd is.
e) Meng in een aparte kom de bloem, het bakpoeder en het zout.
f) Spatel de droge ingrediënten geleidelijk door de natte ingrediënten tot ze net gemengd zijn.
g) Schep het beslag in de madeleinevormpjes en vul ze elk voor ongeveer ¾ vol.
h) Bak gedurende 8-10 minuten of tot de madeleines goudbruin zijn en terugveren als ze lichtjes worden aangeraakt.
i) Haal het uit de oven en laat het een paar minuten in de vormpjes afkoelen voordat je het op een rooster legt om volledig af te koelen.

98. Matcha Groene Thee Madeleines

INGREDIËNTEN:
- ½ kopje ongezouten boter, gesmolten
- 1 eetlepel matcha groene theepoeder
- 2 grote eieren
- ½ kopje kristalsuiker
- 1 theelepel puur vanille-extract
- 1 kopje bloem voor alle doeleinden
- 1 theelepel bakpoeder
- Snufje zout

INSTRUCTIES:
a) Verwarm uw oven voor op 190°C. Madeleinevormen met vet en bloem.
b) Meng het matcha groene theepoeder in een kleine kom met 1 eetlepel heet bevochtigen om het op te lossen.
c) Klop in een middelgrote kom de eieren en de suiker tot een bleek en dik mengsel.
d) Voeg de gesmolten boter, opgeloste matcha en vanille-extract toe aan het eimengsel en roer tot alles goed gemengd is.
e) Meng in een aparte kom de bloem, het bakpoeder en het zout.
f) Spatel de droge ingrediënten geleidelijk door de natte ingrediënten tot ze net gemengd zijn.
g) Schep het beslag in de madeleinevormpjes en vul ze elk voor ongeveer ¾ vol.
h) Bak gedurende 8-10 minuten of tot de madeleines goudbruin zijn en terugveren als ze lichtjes worden aangeraakt.
i) Haal het uit de oven en laat het een paar minuten in de vormpjes afkoelen voordat je het op een rooster legt om volledig af te koelen.

99. Chai-gekruide madeleines

INGREDIËNTEN:
- ⅔ kopje ongezouten boter, gesmolten
- 2 eetlepels honing
- 2 grote eieren
- ½ kopje kristalsuiker
- 1 theelepel puur vanille-extract
- 1 kopje bloem voor alle doeleinden
- 1 theelepel bakpoeder
- 1 theelepel gemalen kaneel
- ½ theelepel gemalen gember
- ¼ theelepel gemalen kardemom
- ¼ theelepel gemalen kruidnagel
- ¼ theelepel gemalen zwarte peper
- Snufje zout
- Poedersuiker om te bestuiven (optioneel)

INSTRUCTIES:

a) Smelt de ongezouten boter in een kleine pan op middelhoog vuur tot deze volledig gesmolten is. Roer de honing erdoor en laat iets afkoelen.

b) Klop in een mengkom de eieren en kristalsuiker samen tot ze goed gemengd en licht schuimig zijn. Voeg het pure vanille-extract toe en klop opnieuw om op te nemen.

c) Meng in een aparte kom het bloem voor alle doeleinden, bakpoeder, gemalen kaneel, gemalen gember, gemalen kardemom, gemalen kruidnagel, gemalen zwarte peper en een snufje zout. Meng goed om ervoor te zorgen dat de kruiden gelijkmatig worden verdeeld.

d) Voeg geleidelijk de droge ingrediënten toe aan het eimengsel en roer zachtjes na elke toevoeging, totdat het beslag glad en goed gemengd is.

e) Giet het gesmolten boter-honingmengsel langzaam in het beslag en roer voortdurend totdat het volledig is opgenomen.

f) Bedek de kom met plasticfolie en zet het beslag minimaal 2 uur, of bij voorkeur een hele nacht, in de koelkast. Door het beslag te koelen, komen de smaken beter tot hun recht en verbetert de textuur van de madeleines.

g) Verwarm uw oven voor op 190°C. Bereid je madeleinepan voor door deze in te vetten met een beetje gesmolten boter of kookspray. Als u een pan met antiaanbaklaag gebruikt, is deze stap mogelijk niet nodig.

h) Haal het gekoelde beslag uit de koelkast en roer het voorzichtig door, zodat het goed gemengd wordt. Schep ongeveer 1 eetlepel van het beslag in elke schelpvormige holte van de madeleinepan en vul ze voor ongeveer driekwart.

i) Plaats de gevulde madeleinepan in de voorverwarmde oven en bak 8-10 minuten, of tot de madeleines gerezen zijn en de randen goudbruin zijn.

j) Haal de pan uit de oven en laat de madeleines een minuut of twee in de pan afkoelen voordat je ze voorzichtig op een rooster legt om volledig af te koelen.

k) Bestrooi de afgekoelde madeleines indien gewenst met poedersuiker voor een finishing touch voordat je ze serveert.

100. Graaf grijsThee Madeleines

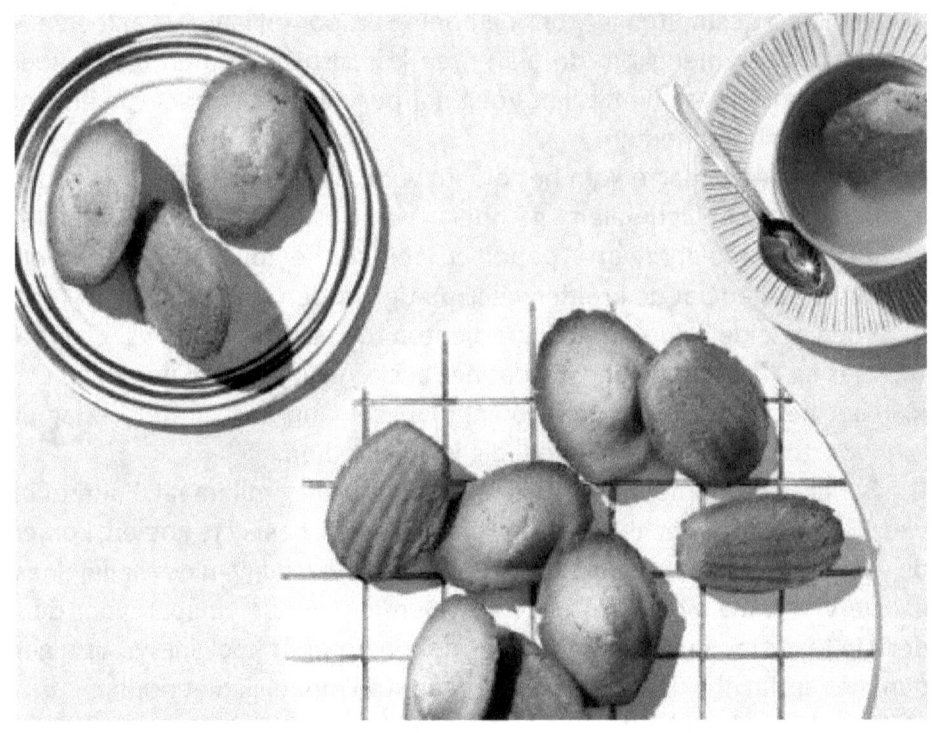

INGREDIËNTEN:
- ½ kopje ongezouten boter, gesmolten
- 1 eetlepel Graaf grijstheeblaadjes (los of uit theezakjes)
- 2 grote eieren
- ½ kopje kristalsuiker
- 1 theelepel puur vanille-extract
- 1 kopje bloem voor alle doeleinden
- 1 theelepel bakpoeder
- Snufje zout

INSTRUCTIES:
a) Verwarm uw oven voor op 190°C. Madeleinevormen met vet en bloem.
b) Meng in een kleine kom de Earl Grey-theeblaadjes met 1 eetlepel heet bevochtigen om de smaken vrij te laten komen.
c) Klop in een middelgrote kom de eieren en de suiker tot een bleek en dik mengsel.
d) Voeg de gesmolten boter, de opgeloste Earl Grey-thee en het vanille-extract toe aan het eimengsel en roer tot alles goed gemengd is.
e) Meng in een aparte kom de bloem, het bakpoeder en het zout.
f) Spatel de droge ingrediënten geleidelijk door de natte ingrediënten tot ze net gemengd zijn.
g) Schep het beslag in de madeleinevormpjes en vul ze elk voor ongeveer ¾ vol.
h) Bak gedurende 8-10 minuten of tot de madeleines goudbruin zijn en terugveren als ze lichtjes worden aangeraakt.
i) Haal het uit de oven en laat het een paar minuten in de vormpjes afkoelen voordat je het op een rooster legt om volledig af te koelen.

CONCLUSIE

Terwijl we onze reis door de wereld van Franse gebakjes en de betoverende wereld van madeleines afsluiten, hopen we dat je inspiratie, vreugde en een hernieuwde passie voor bakken hebt gevonden. Dit is niet zomaar een kookboek; het is een toegangspoort tot een wereld van smaak en traditie die u nu in uw keuken kunt brengen. Of je nu aan het bakken bent voor familiebijeenkomsten, een afternoon tea, of gewoon een beetje voor jezelf zorgt, madeleines hebben een speciaal plekje in de harten van iedereen die ervan geniet.

Bedankt dat je mee bent gegaan op dit culinaire avontuur. Mogen je madeleines altijd licht zijn, je smaken harmonieus en je herinneringen zoet. Veel bakplezier en moge u uw magische momenten creëren met "Madeleine Magisch: een culinaire reis door de wereld van Franse gebakjes."

www.ingramcontent.com/pod-product-compliance
Lightning Source LLC
Chambersburg PA
CBHW071312110526
44591CB00010B/866